交通运输经济与物流管理

袁义华 著

吉林出版集团股份有限公司
全国百佳图书出版单位

图书在版编目（CIP）数据

交通运输经济与物流管理 / 袁义华著. -- 长春：吉林出版集团股份有限公司，2023.5
ISBN 978-7-5731-3583-4

Ⅰ.①交… Ⅱ.①袁… Ⅲ.①交通运输经济②物流管理 Ⅳ.①F5②F252.1

中国国家版本馆CIP数据核字(2023)第104731号

交通运输经济与物流管理
JIAOTONG YUNSHU JINGJI YU WULIU GUANLI

著　　者	袁义华	
责任编辑	赵　萍	
封面设计	王　哲	
开　　本	710 mm×1000 mm　1/16	
字　　数	143 千字	
印　　张	8.5	
定　　价	50.00元	
版　　次	2024 年 1 月第 1 版	
印　　次	2024 年 1 月第 1 次印刷	
印　　刷	北京厚诚则铭印刷科技有限公司	

出　　版	吉林出版集团股份有限公司
发　　行	吉林出版集团股份有限公司
地　　址	吉林省长春市福祉大路5788号
邮　　编	130000
电　　话	0431-81629968
邮　　箱	11915286@qq.com
书　　号	ISBN 978-7-5731-3583-4

版权所有　　翻印必究

前　言

随着我国经济不断发展，物流已成为一项生活当中的基础服务，与人们的关系更加紧密。物流业的发展离不开运输的基础保障，运输越完善，物流业发展越迅速，产生的经济效益越高。但是物流业对传统的运输行业产生了较大的冲击，应使物流业与交通运输经济形成一种联动机制，从而在互动互助的情况下共存共荣，以此实现大小流通系统之间的协调发展。

基于此，本书以"交通运输经济与物流管理"为题，首先，对运输与运输业、交通运输与经济发展的关系、物流管理及其必要性、运输经济学与运输管理、交通运输需求与供给进行分析；其次，对交通运输成本、交通运输产品的定价、交通运输市场类型及运行机制、物流包装与装卸搬运管理、物流运输与仓储管理、物流服务及物流质量管理进行研究；最后，对现代物流管理及发展、绿色物流与冷链物流发展、电子商务物流管理发展、供应链及其管理路径进行探讨。本书对交通运输经济与物流管理的实际工作人员具有一定的参考价值。

笔者在写作本书的过程中，得到了许多专家学者的帮助和指导，在此表示诚挚的谢意。由于笔者水平有限，书中所涉及的内容难免有疏漏之处，希望各位读者多提宝贵意见，以便笔者进一步修改，使之更加完善。

袁义华
2023 年 3 月

目 录

第一章　导论 ··· 1
　　第一节　运输与运输业 ··· 3
　　第二节　交通运输与经济发展的关系 ······································ 8
　　第三节　运输经济学与运输管理 ·· 11
　　第四节　物流管理及其必要性 ·· 19

第二章　交通运输需求与供给分析 ·· 23
　　第一节　交通运输需求分析 ··· 25
　　第二节　交通运输供给分析 ··· 31
　　第三节　交通运输供需平衡 ··· 34

第三章　交通运输成本、价格与市场 ··· 43
　　第一节　交通运输成本 ·· 45
　　第二节　交通运输产品的定价 ·· 47
　　第三节　交通运输市场运行机制 ·· 52

第四章　物流管理分析 ·· 63
　　第一节　物流包装与装卸搬运管理 ······································· 65
　　第二节　物流运输与仓储管理 ·· 76
　　第三节　物流服务及质量管理 ·· 85

第五章　现代物流管理的发展趋势 ·· 101
　　第一节　现代物流管理的基本特征 ······································· 103

- 1 -

第二节　绿色物流与冷链物流……………………………………109
第三节　电子商务物流管理………………………………………114
第四节　供应链及其管理路径……………………………………120

参考文献………………………………………………………………127

第一章 导论

第一节 运输与运输业

一、运输

（一）运输的原理

1. 运输规模经济

运输规模经济具有装运规模越大、单位运输成本越低的特点，这是因为物流中的一些固定费用，如行政管理费、装卸费等，可以由整批货物的重量分担。运输规模经济使货物运输更合理。运输规模经济具有以下优点：

（1）降低单位运输成本。随着货物规模的扩大，固定成本可以得到更好的分摊，从而降低单位运输成本，提高运输效率。

（2）提高货运量。随着单位运输成本的下降，企业可以更容易地扩大货运量，提高市场占有率和销售额。

（3）减少交通拥堵。由于规模经济的特点，物流企业可以通过批量运输减少交通拥堵，提高道路使用效率。

（4）优化物流结构。运输规模经济可以使物流企业更有效地利用仓储和运输资源，减少运输中的浪费，从而优化物流结构。

2. 运输距离经济

运输距离经济具有单位距离运输成本随运输距离增加而减少的特点，这一经济现象与运输规模经济类似，主要原因是费用分担，距离越长，固定费用在单位距离上的值就越小，单位距离支付的总费用也就越少。运输距离经济对于货物运输具有重要的现实意义，具有以下优点：

（1）降低单位运输成本。随着运输距离的增加，单位距离运输成本逐渐降低，从而降低货物运输的总成本，提高运输效率。

（2）扩大市场范围。随着运输距离的增加，物流企业可以将市场范围扩大到更远的地区，增加销售机会和市场份额。

（3）促进产业协调发展。运输距离经济可以促进不同产业之间的协调发展，降低交通运输的成本，增强产业的竞争力。

3. 运输关键因素

（1）运输成本。运输成本指的是在两个位置之间运输而为此支付的运输、管理、存货等相关费用。在物流系统设计时，应以最低的系统总成本为前提而不是最低的运输费用，因为运输费用最低并不代表最低的总成本。

（2）运输速度。运输速度指的是完成运输作业所用的时间。运输速度和成本之间存在一定的关系，主要表现在两方面：一是所提供的服务越快，所收取的费用通常就越高；二是运输速度越快，存货就越少，运输的时间间隔就越短。因此，平衡速度和成本是选择合理运输方式中需要考虑的重要内容。

（3）运输的一致性。运输的一致性指的是，在多次运输活动中，履行一次特定的运输所需的时间与原定时间或前几次运输时间上保持一致，体现的是运输的可靠性。运输一致性在很大程度上对买卖双方承担的存货义务和相关风险具有影响。

（二）运输的特点

1. 运输不生产有形的产品

运输作为一种特殊的物质生产，并不生产有形的产品，只提供无形的服务。它不像生产有形产品那样可以直接看到，但它对于商品的流通、交换和市场的形成具有重要作用。运输的本质是提供一种将商品从一个地方运往另一个地方的服务，其价值不在于运输本身，而在于运输所提供的便利和效益。在运输过程中，运输者提供的是一种抽象的劳动，即运输服务。这种劳动对所运输货物的使用价值产生了直接的影响，从而追加了新的价值到原有的使用价值中。例如，一件货物在运输前只是一件具有一定使用价值的商品，但是经过运输之后，它可以被送到远处的市场，增加了销售机会和市场需求，提高了其使用价值。这样，运输所提供的服务不仅使货物的使用价值得到了提升，还为生产者和消费者创造了新的价值。

2. 运输对自然的依赖性很大

运输与工业生产不同，它对自然环境和自然条件有较强的依赖性，同时也面临着许多特殊的风险。具体来说，运输具有以下四个特点：

（1）场所分散、流动性强。运输涉及的场所非常广泛，包括公路、铁路、航空港口、码头等，分布分散，流动性强。这就要求物流企业具备高效的管理和调度能力，以保证货物能够准时、安全地到达目的地。

（2）设施设备分散、多样化。不同运输场所的设施设备各不相同，例如，公路、铁路、航空港口和码头等都有不同的设备和设施。这就要求物流企业具备一定的运营和管理经验，能够熟练使用不同的设施和设备，以保证运输的顺畅和高效。

（3）受自然条件影响较大。运输的活动大多公路、铁路、航空等都容易受到自然条件的影响，如天气、气候、地形等。这就要求物流企业要有预见性和应对措施，及时调整运输路线和方式，以保证运输的安全和效率。

（4）风险较大。由于运输活动的场所、设施设备分布分散、流动性强，同时受自然条件的影响较大，因此运输风险较高。例如，在公路运输中，可能遇到路面坑洼、交通事故等风险，而在航空运输中，可能遇到天气变化、机械故障等风险。这就要求物流企业要加强风险管理和应急处理，以应对运输过程中出现的各种风险。

3. 运输是资本密集型产业

运输作为一种服务行业，并不直接生产有形产品，而是为生产者和消费者提供货物的流通和交换。因此，运输的成本主要包括运输设施设备和运营成本两部分。与生产有形产品不同，运输不需要为原材料或零部件预付一个原始价值。这意味着，运输成本中固定成本所占比例相对较大。是运输设施设备是运输成本中的固定成本部分，包括公路、铁路、船只、飞机等设施。这些设施的建设和维护需要大量的资金投入。例如，修建一条高速公路需要建设路基、桥梁、隧道等，还需要购买维护车辆和设备，这些都是固定成本。因此，运输设施设备的建设和维护需要大量的投入，是运输行业的重要支出。运营成本是指运输服务过程中的直接费用，包括人工、燃油、维修、保险等。这些成本随着运输量的变化而有所不同，称为变动成本。与固定成本相比，运营成本对于运输企业的财务状况和经营效益的影响相对较小。

（三）选择运输方式的方法

运输方式的选择包括单一运输方式的选择和联运的选择。在运输方式选择时，可以根据运输环境、运输服务的目标及其他多方面的要求，运用定性分析法或定量分析法进行分析判断。"因此，合理选择运输方式是合理组织运输、保证运输质量、提高运输效益的一项重要内容。"[①]

[①] 章智超. 公路交通运输方式的选择［J］. 黑龙江科技信息，2013（17）：180.

1. 定性分析法

公路、铁路、水路、航空和管道五种基本运输方式各有优缺点。在实际运输中，应该根据货物的特性、运输批量、运输距离、运输时间和运输成本等因素进行综合分析和比较，选择最为合理的运输方式或运输方式组合。

公路运输的优点是灵活、快速，可进行门到门的配送，适用于小批量、短距离和紧急货物的运输，但是运输成本相对较高，受道路拥堵、交通事故等因素影响较大，不适用于大量、远距离货物的运输。

铁路运输的优点是运输量大、成本低，适合长距离和大批量货物的运输，但是灵活性较差，不适用于紧急货物的配送，而且需要货物的装卸等额外费用。

水路运输的优点是成本低，适合大批量和远距离货物的运输，但是运输时间较长，不适用于紧急货物的配送，且受天气和水深等因素影响较大。

航空运输的优点是快速，适用于远距离和紧急货物的运输，但是成本较高，不适用于大量货物的运输。

管道运输的优点是成本低，适合大批量和长距离的液体和气体货物的运输，但是灵活性较差，不适用于固体货物的运输。

因此，在选择运输方式时，需要综合考虑各种因素，如货物特性、运输批量、运输距离、运输时间和运输成本等，选择最为合理的运输方式或运输方式组合。同时，还需要考虑运输市场环境、政策法规、供应链配套和物流服务等方面的因素。在实际中，可以根据具体情况进行分析和比较，选择最为合适的运输方式，以满足货物运输的需求，实现经济效益的最大化。

2. 定量分析法

综合评价选择法是一种常用的定量分析方法，用于确定最优运输方式。该方法是根据经济性、迅速性、安全性和便利性等因素进行综合评价，从而确定最为合理的运输方式。具体步骤如下：

（1）确定运输方式的评价因素。根据货物特性、运输批量、运输距离、运输时间和运输成本等因素，确定影响运输方式选择的评价因素。通常评价因素包括经济性、迅速性、安全性和便利性等。

（2）确定各评价因素的值及其权重。对于每个评价因素，确定其具体的数值，并计算其权重。权重可以根据相关经验或统计数据进行确定，也可以采用专家打分法等方法进行计算。

（3）确定运输方式的综合评价值。根据各评价因素的权重和具体数值，计算每种运输方式的综合评价值。综合评价值可采用加权平均法、熵权法、层次分析法等方法进行计算。

（4）最终选择合理的运输方式。根据运输方式的综合评价值大小，确定最为合理的运输方式。

综合评价选择法的主要优点是能够考虑多种因素的综合影响，使得运输方式的选择更客观、合理。此外，该方法可以利用数学模型进行定量分析，提高选择结果的准确性和可靠性。

二、运输业

改革开放以来，我国交通运输行业取得了长足的发展。交通运输装备和设施的水平和技术水准不断提高，为我国经济的快速发展提供了有力支撑。在运输量和运输里程方面，我国的交通运输装备已经实现了突破式发展，表现出多样化和交错纵横的特征，主要表现在以下四个方面：

（1）铁路交通。在铁路交通方面，我国的高速铁路、城际铁路、普速铁路、货运专线等铁路设施和装备已经得到了大力发展和完善。高速铁路和城际铁路的建设和运营，使得铁路运输快速、便捷、安全，成为人们出行和货物运输的首选之一。

（2）公路交通。在公路交通方面，我国已经建成了一张覆盖全国的公路网，公路交通设施和装备也得到了快速发展。随着高速公路、城市快速路、城市轨道交通等设施的建设和完善，公路运输的快速性和便捷性得到了极大提升。

（3）水路交通。在水路交通方面，我国的港口设施、船舶装备、内河航道和海洋航线都得到了重视和发展。我国的内河运输网络和海上运输线路已经相当完善，能够为国内外贸易提供快速、高效的运输服务。

（4）航空交通。在航空交通方面，我国的民航运输装备和设施不断提高，航空运输网络不断完善，航空运输的安全性和服务质量得到了明显提升。随着新一代客机的使用和机场的扩建，我国的航空运输将进入一个新的高速发展阶段。

运输业是指通过各种运输手段，运送旅客和货物进行经济活动的行业。从经济属性来看，运输业属于第三产业，是国民经济中的重要组成部分，对国家经济发展和社会生产活动具有重要的作用。从社会属性来看，运输业是一种服务性行业，通过提供旅客和货物的运输服务，满足人们的出行和生产需要。

　　运输业的主要业务活动是将旅客或货物从一个地点转移到另一个地点,实现空间位置的转移,以到达他们的目的地。这需要运输业充分发挥畜力、运输工具和人力的作用。在运输业中,运输工具是一种重要的物质属性,包括汽车、火车、船舶、飞机等各种运输工具。而人力和畜力则是运输业的传统属性,虽然在现代运输业中不再是主要的运输手段,但仍然具有重要的作用。

　　运输业的市场属性也是其重要的经济属性。由于运输业是一种服务性行业,需要根据市场需求提供服务,同时竞争也十分激烈。因此,运输企业需要根据市场需求和竞争情况来确定运输价格、服务质量等方面的策略。

　　道路运输业、航空运输业、装卸搬运、水上运输业、铁路运输业、城市公共交通、管道运输和其他运输服务业共同构成运输业。其中,现代化运输业的基本运输方式有五种,分别是航空、公路、铁路、管道、水运。

第二节　交通运输与经济发展的关系

　　"交通运输业作为国民经济的支柱型产业,同时也是经济发展的助推动力,通过基础设施投资的调节,能够对国家经济发展形成直接或间接的影响,也因此成为政府进行宏观调控的重点领域。"[①]

一、交通建设项目对宏观经济的影响

　　经济增长和投资彼此促进、彼此制约,二者之间存在密切的关联。投资想要继续向外扩大需要以经济增长为基础,投资需要从国民经济当中获取投资来源。国民经济的增长水平会在很大程度上影响投资数额及投资占整个国民收入的具体比例。经济想要实现增长必须依赖投资增长。在科学技术水平及资源数量有限的情况下,投资数量及投资增长率会对经济增长速度产生直接影响。

　　投资主要是利用需求效应助推经济的增长。投资生产活动当中所有部门的产品都会被直接消耗或间接消耗,投资需求就会明显提升。与此同时,伴随着国民收入的增加,国民还会产生更大的消费需求、投资需求。最终,需

---

① 赵常安. 试论交通运输与经济发展的关系[J]. 全国流通经济, 2019 (25): 122.

求必然会增加，经济必然会增长。

投资还会借助供给效应拉动经济的增长。具体来讲，投资供给指的是交付使用处理固定资产。固定资产除了涉及生产性固定资产之外，也会涉及非生产性固定资产。生产性固定资产真正使用之后，社会会获得全新的可以使用的生产要素，社会中的生产资料供给数量会增加，生产活动可以获得更多的物质支持，生产性固定资产对经济增长有直接促进作用；非生产性固定资产在真正使用之后，社会劳动者可以享受到公共服务，它对经济增长有间接促进的作用。

投资除了具备创造需求的功能之外，也具备创造供给的功能。从这个角度分析，可以发现高速公路项目主要是从以下层面来拉动国民经济的增长：

第一，需求效应层面，在开展公路投资活动之后，活动本身会让国内生产总值有所增加，会直接拉动经济增长，扩大市场的有效需求。

第二，供给效应层面，公路项目建设完成之后，公路的通行能力会有所提高，行车环境也会有所优化，可以帮助来往车辆节约通行时间，也会帮助车辆降低运输费用，还能够在一定程度上降低交通事故的出现，这些会让公路使用者获得更多的经济效益。公路建设完成之后，公路运输也会更好地发展，综合交通运输体系的效率会有明显提升，公路所处区域整体交通条件会有所改善，区域会显现出更大的发展优势。综合来看，供给效应层面可以在更大的程度上助推经济发展。

二、交通项目运营与微观经济的关系

（一）产生直接经济效益

交通项目产生的直接经济效益是缓解道路堵塞情况、提升道路运营的条件。交通项目的直接经济效益也经常被叫作使用者效益，具体来讲体现在以下四方面：

（1）运输成本有效降低。交通项目建设过程中使用了更高级别的公路技术，如路面材料、路基结构等，这些技术的使用可以提高公路的耐久性和可靠性，减少维修和保养成本。同时，采用更安全、更智能的交通控制设备和车辆管理系统，可以减少交通事故和交通违规，降低运输成本。

（2）运输时间降低。新建设的公路采用更宽敞、更平整的道路设计，可以提高公路的通行速度和流量，减少交通堵塞和运输拥堵，从而减少运输时间和燃料消耗。

（3）道路交通安全得到了有效提升。新建设的公路采用更安全、更智能的交通控制设备和车辆管理系统，可以减少交通事故和交通违规，提高交通运输的安全性和可靠性。

（4）降低了道路拥堵情况。新建设的公路可以为人们的出行提供更多的线路选择，有效地解决了道路拥堵问题，提高了公路的通行效率和运输效率。

（二）促进公路运输业发展

交通运输对区域经济发展的影响不可低估，高速公路对区域经济发展有很大的影响。高速公路是国道主干线的重要组成部分，更是地区公路网的主骨架。为了充分利用高速公路发展经济，沿线各地区会加速县乡路、机场路、疏港路与高速公路的沟通，促进路网布局的完善以及公路等级和通行能力的提高，从而加快沿线地区公路运输的发展。这种发展表现在以下两方面：

（1）数量方面的增长。公路客运、公路货运、公路维修、公路搬运及公路运输服务五个行业都有所增长。这是因为随着我国经济的快速发展，人们的交通出行需求不断增加，对公路运输服务的需求也越来越大，所以公路运输业在数量上得到了快速发展。

（2）质量方面的发展。如今社会竞争越来越激烈，人们的生活越来越信息化，日常生活使用的产品越来越技术化。在这样的情况下，人们对运输服务也提出了较高的要求。运输服务水平想要提升需要依托于公路。当前公路运输业主要的发展重点是快运及物流行业，这两个行业成为重点就是为了满足现代经济发展的需要，也是为了满足人们的生活需要。

在我国经济快速发展的情况下，公路基础设施也有了全新的面貌。物流行业、快运行业在获得公路基础设施的支持之后，也紧紧抓住发展机遇，优化运输结构。

（三）改善综合运输的结构

现代交通运输业使用的运输方式主要有五种：铁路运输、水路运输、公路运输、航空运输、管道运输。每种运输方式都有自己的独特特征，不同的运输方式之间彼此互补，有的时候也存在一定的竞争。竞争的存在会促进运输水平的提升，会让人民群众享受到更大的实惠、更优质的服务。

在过去，在综合运输体系当中，公路运输的角色是为短途运输提供支持，为其他运输方式提供中转接续服务。但是，在高速公路步入快速发展阶段之后，高速公路显现出了更重要的作用，它不再处于附属地位，开始和其他运输方式平起平坐。近年，高速公路的客、货运周转量明显上升。高速公路的快速发展也刺激了其他运输方式的发展，如铁路开始改善原有的铁路条件，创新列车型号，完善运输产品结构，加强服务培训。在高速公路和铁路彼此竞争的过程中，二者都实现了发展与提升的目标。

第三节　运输经济学与运输管理

一、运输经济学

（一）运输与经济学的联系

运输指的是人或货物通过运输工具经由运输网络，由甲地移动至乙地，完成某个经济目的的行为。简言之，运输是在一定范围内人与物的空间位移。国民经济与社会生活中发生的人与物在空间位置上的移动几乎无所不在，但并不是所有的人与物的位移都属于运输经济学探讨的范畴。在经济活动的影响下，物质会产生多样性的移动，这些物质移动主要包括供暖、输电、货物运输、输气和供水以及发生在电信部门的信息传输等。发生的物质移动也是物质的位置产生移动变化，一定程度而言，多样性的物质移动和货物移动具有一样的本质，其中一部分内容也是与货物运输相脱离逐渐形成。输水、电信传输、供气、输电、供暖等传输系统从交通运输体系中独立出来，它们拥有属于自己独特的交通运输工具，推动物质位移的发生，所以，由于交通运输工具的不同，运输领域并不包含这些形式的物质位移。

在自然经济社会中，生产、生活所需要聚集的必要要素种类少。因此，物质、能量、信息的流通域小，且在大地域范围内的流通频度也很低，只在窄小范围之中相对较高，所以在这种社会中经济以"板块割据"的形态出现。由于自然经济社会生产产品的单调而导致各经济板块具有同质性，经济的同质性则使其流通域中的流通频率低、强度小，这时的运输并非现代意义上的一种产业。

因此，可以认为，包括运输经济学在内的任何一种经济学都是资本主义生产方式的产物。只有当流通的涉及面广、强度大、方向复杂、频繁重复时，研究其有效性才有重大的社会意义或价值。也正因为其研究意义重大，才促使其研究内容成为一门经济科学。资本主义生产方式是包括运输经济在内的各种产业经济学产生的根据，由此引出各种经济学的产生不一定是同期的，而是有先有后，其中通常是先"一般"后"专门"。因为"专门"的经济学理论要有"一般"经济学理论做基础。所以运输经济学产生的必要条件有两个：运输产业的存在，有普适的经济学作基础。

（二）运输经济学的发展趋势

第一，过去，运输政策研究主要集中于管制政策和经营管理等方面，着重解决运输领域的政策和运营问题。随着市场化改革的深入推进，运输政策研究的重点逐渐向放松管制政策、私有化或民营化等方向转变，强调更多利用市场机制和竞争机制来解决运输问题。近年来，运输政策研究更注重实际应用和预见性。这意味着研究者需要更多地关注政策的实施效果和预期影响，并能够根据现实情况提出建议和替代政策，以实现运输政策的最优效果。

第二，强调运输需求分析。在现代经济社会中，物流业和物流管理的作用越来越重要。因此，发达国家在货物运输的进一步发展中，越来越重视运输需求的分析和物流效率的提高。传统的货运只关注物品的运输，而现代物流管理则更强调如何在物品运输的基础上提高整个物流链的效率和质量，以达到降低物流成本、提高客户满意度、优化物流资源等多种目标。对于物流需求的分析，它是以顾客为中心的，需要深入了解顾客的需求、偏好、购买力、渠道选择等多方面信息，以此为基础设计合理的物流方案，提供优质的物流服务，满足顾客的期望和需求。这种方法强调从客户的角度出发，把顾客的需求作为物流服务设计的基础，推动整个物流链条向着客户满意度最大化的方向发展。

第三，与经济学和地理学等主要学科的关系发生了一定变化。在现代运输经济学发展的过程中，运输经济学与其他学科的关系发生了很大变化。与运输经济学密切相关的经济学和地理学等主要学科已经在运输经济学的发展中发挥了重要的作用。例如，经济学家们研究了市场结构和运输成本之间的关系，分析了不同运输方式的优缺点，提出了运输市场的分析方法和定价策略，为运输经济学的研究提供了重要的理论支持。同时，地理学家们从空间角度出发，分析了不同地区之间的运输距离和交通流量，提出了区域运输规划和交通流量预测的方法，为运输经济学的研究提供了空间分析的视角。然而，随着运输经济学的发展，其研究内容已经逐渐超越了经济学和地理学等主要学科的范畴，运输经济学已经形成了自己独特的理论和方法体系。同时，随着运输技术和信息技术的不断发展，运输经济学的研究内容也在不断地扩展和深化。因此，可以说运输经济学已经成为一个独立的学科体系，与经济学、地理学等主要学科的关系已经发生了一定的变化。

第四，研究方法日趋多样化。随着各门学科之间的交流和渗透，运输经济学的研究方法日趋多样化，主要有以下方法：

（1）区域分析方法。在运输经济学研究中，区域分析方法是非常重要的，通过对区域内的运输网络、经济活动、资源配置、人口流动等方面的分析来揭示运输经济学的规律。区域分析方法包括对某一地区的经济发展状况、运输网络、资源环境等进行全面的研究，从而为实际运输工作的实施提供重要的参考意见。

（2）实证方法。实证方法是通过采用实证数据进行研究分析，得出统计规律性和经验性结论的一种研究方法。在运输经济学中，实证方法常常被用来研究运输经济学现象和规律，如对运输成本、运输距离等进行实证分析。

（3）历史研究方法。历史研究方法是通过对运输经济发展历史进行研究，了解运输经济学的演变和发展，从而为运输经济学的理论研究提供历史背景和参考。

（4）定性分析方法。定性分析方法是一种运用分析思维和归纳演绎方法进行探索性研究的方法。在运输经济学中，定性分析方法常常被用来对运输市场、运输需求和运输政策等进行分析。

（5）逻辑分析方法。逻辑分析方法是指通过逻辑推理的方法来研究运输经济学的问题。在运输经济学中，逻辑分析方法常常被用来研究运输政策和运输市场等问题。

（6）计算机模拟方法。计算机模拟方法是一种基于计算机技术的研究方法，通过建立数学模型和计算机程序，对运输经济问题进行模拟研究。在运输经济学中，计算机模拟方法常常被用来对运输市场、运输需求和运输政策等进行模拟分析。

（7）定量分析方法。定量分析方法是通过对运输经济学问题进行定量分析和计算，得出具有数量性质的结论的一种研究方法。在运输经济学中，定量分析方法常常被用来研究运输成本、运输需求、运输效率和运输收益等问题。

（8）实证分析方法。实证分析方法是指通过实证数据和实证方法对运输经济学问题进行研究的方法。它主要基于统计学和经济学的方法，通过对实际数据进行分析，得出对研究问题有重要参考价值的结论。在运输经济学中，实证分析方法常常被用来研究运输市场、运输政策和运输需求等问题。

（9）规范分析方法。规范分析方法是指基于运输经济学的相关规范和法律法规，对运输经济学问题进行研究的方法。它主要考虑法律和政策规定对运输经济学问题的影响，从而指导和规范运输经济活动。在运输经济学中，规范分析方法常常被用来研究运输政策和运输市场等问题。

二、运输管理

（一）运输管理的界定

利用运输系统所具备的特征实现综合管理便称为运输管理。在经济流通活动的条件下，运输主要包括管理和经营等内容。从管理层面来说，以一定技术水准作为前提条件和依据，从技术角度保障运输经营目标的实现，具体来说，是指以运输经营目标作为依据和基础，让运输各功能要素按照相应的作业标准，实现正常运转，各司其职，推动高效运输系统的构成；从经营的层面来说，经营的目标是让客户的需求得到满足，为了实现这个目标，要追求低成本和高服务质量及高效率。

运输管理是在既定的背景下，为了推动运输经营目标的实现，以现代化管理思想作为科学指导，利用科学合理的方式，组织、控制、计划和领导物流运输活动。运输管理的侧重点在于，公司获取物流服务的同时购买和控制这种移动服务。

合理化运输和资源价值最大化运输的实现是优化物流系统的重要内容，也是人们一直关注的重点。所以，在组织物流活动、设计物流系统的过程中，最基本的要求便是推动运输合理化的实现。

（二）运输合理化管理分析

1. 运输合理化的影响因素

（1）内部影响因素

①运输距离。运输距离是指货物从起点到终点所需的距离，是影响运输成本和效率的重要因素。通常来说，运输距离越长，货物的运输成本就越高，运输时间也就越长，而运输距离越短，则货物的运输成本和时间就越少。在宏观层面上，运输距离的长短对社会效益具有显著的影响。长距离运输往往需要更多的时间、能源和人力、物力投入，增加了交通拥堵、能源消耗、环境污染等问题，会对社会产生负面影响。因此，缩短运输距离有助于减少能

源消耗和环境污染，提高社会效益。在微观层面上，缩短运输距离可以增加企业的效益。运输成本通常是企业生产成本的重要组成部分，缩短运输距离可以减少企业的运输成本，提高企业的生产效率和利润率。此外，缩短运输距离还可以减少货物运输过程中的风险和损失，提高货物的安全性和稳定性，从而增强企业的竞争力和市场地位。

②运输环节。在物流运输环节中，同类运输工具的选择和合理运输对于运输效率和成本控制起着非常重要的作用。在同类运输工具的选择上，应该综合考虑货物的特性、数量、质量要求、运输距离和运输时间等因素，选择最合适的运输工具，以达到降低运输成本、提高运输效率的目的。在运输过程中，还需要考虑如何合理地规划和组织运输，以减少或避免物流活动中的浪费，提高物流效率和降低运输成本。例如，对于货物的集中装载、合理配载、货源与货物流量的平衡安排等方面进行科学规划，可以有效地减少空载和半载运输，从而减少成本和提高效率。

③运输工具。不同的运输工具具有不同的特征和优势，例如，航运可以承载大量货物，但是运输时间较长；铁路可以稳定运输大量货物，但是运输线路不如公路灵活；公路运输可以灵活适应不同运输需求，但是承载能力和运输效率有限。因此，在实现合理化运输过程中，要结合不同运输工具的特征和优势进行选择和组合，以达到最优的运输效果。同时，运输工具的选取还要考虑货物属性、运输距离、运输时间、运输量等因素，综合比较各项指标，选取最合适的运输工具。

④运输时间。缩短运输时间可以带来多方面的好处。首先，可以减少运输成本，因为长时间的运输将会增加燃料消耗、人力成本和车船航行的保养费用等。缩短运输时间可以减少这些成本，从而提高企业的经济效益。其次，缩短运输时间可以提高物流效率。现代物流强调快速、准确和高效的运输模式，缩短运输时间可以降低物流环节的时间成本，加快物流流程的推进和物流信息的传递，从而提高物流效率，满足客户的需求，增强企业的竞争力。再次，缩短运输时间也可以改善货物的质量和安全性。运输时间越长，货物在运输过程中就会面临越多的风险和损耗。缩短运输时间可以减少货物在运输过程中的受损和破坏，提高货物的质量和安全性。最后，缩短运输时间可以增强运输系统的整体效能。物流是一个协调的系统，各个环节之间相互关联，缩短运输时间可以提高运输系统的整体效能，促进各个环节之间的协调和配合，从而实现物流的优化和提升。

⑤运输费用。正确控制运输费用是实现物流合理化运输的关键要素。在物流运输中，运输费用占据着相当大的比重，是影响整个物流系统竞争力的一个重要因素。降低运输费用不仅能够提升物流企业的竞争力和市场地位，还能增加客户的满意度，为物流企业创造更大的经济效益。而且，运输费用的高低也是衡量是否实施合理化运输措施的重要依据之一。降低运输费用的方法有很多，如运输规模的扩大、运输工具的优化选择、运输路径的合理选择和运输环节的合理组织等。例如，在运输规模方面，适度地扩大运输规模可以实现单位运输成本的降低，提高运输效率；在运输工具方面，合理选择运输工具可以降低运输成本、提高运输效率；在运输路径方面，选择合适的运输路径可以缩短运输距离、降低运输成本；在运输环节方面，对装卸和中转等环节的合理组织和优化可以减少运输时间、提高运输效率，从而降低运输成本。

（2）外部因素

①资源分布状况。资源的分布状况会直接影响到物流运输的流向和运输方式的选择。以煤炭资源为例，由于我国煤炭储量主要分布在北方，而工业生产和能源需求主要集中在东部地区，导致了南北煤炭运输的不平衡，北方煤炭需要通过长距离的铁路或水路运输到南方，运输成本相对较高，也会造成运输拥堵和煤炭质量下降等问题。同样，石油储量主要分布在西南和西北地区，而我国东南部省区的储量很小，需要通过远距离的海运或管道运输到东部地区，也会造成较高的运输成本和安全风险。在实际物流运作中，需要结合资源分布状况，采取相应的运输方式和运输路线，降低运输成本，提高物流效率。例如，可以通过开发新的运输线路和运输方式，利用多式联运等手段来改善南北煤炭运输的不平衡局面，实现资源的优化配置和流通。此外，还可以通过制定相关的政策和计划，促进区域协作，加强资源共享和合作，实现资源的有效利用和优化分配。

②国民经济结构的变化。国民经济结构的变化会对运输分布产生影响，第一是产业结构变化，不同产业之间的生产物资流动量和运输方式也不同，产业结构的变化会导致货物的流向和运输方式的变化。例如，随着服务业在国民经济中的比重不断提高，高附加值服务产品的运输需求也将不断增加。第二是地区结构变化，随着我国城市化进程的不断加快，人口和产业资源的分布也在发生变化，地区结构的变化也会引起货物的运输流向和运输方式的变化。例如，随着经济发展的不断推进，许多中西部地区也逐渐成了生产加

工基地，形成了一些新的货物运输流向。第三是消费结构变化，消费结构的变化会导致货物的流向和运输方式的变化。随着我国消费水平的不断提高，高档消费品的运输需求也将不断增加，这就要求我们提高运输方式的安全性和效率性。

③运输决策的参与者。在运输决策中，公众、托运人、收货人和承运人都是重要的参与者，他们的决策和活动会直接或间接地影响运输活动的开展和效果。公众是最广泛的参与者，他们的意见和需求会影响到政府的运输政策，如城市规划、公共交通等。同时，公众的安全和环保意识也会对运输活动产生影响，如对某些危险品运输的反对等。托运人是货物的发出者，会对运输方式、运输价格、承运人的选择等进行决策。托运人的需求和决策直接影响到货物的运输流向、运输量和运输效率等。收货人是货物的接收者，也会对运输方式、运输价格、承运人的选择等进行决策。收货人的需求和决策也会影响货物的运输流向、运输量和运输效率等。承运人是运输服务的提供者，他们会对运输价格、运输方式、服务质量等进行决策。承运人的决策会直接影响到运输成本、服务水平和运输效率等。

2. 运输合理化的应对措施

（1）运输体系实现社会化发展

运输体系实现社会化发展是指对运输工具进行统一安排和部署。在社会化运输体系的安排下，规模效益和组织效益都能实现最大化。因此，要想实现运输合理化，最重要的举措之一便是社会化运输体系的发展。如今，我国在铁路运输方面已经拥有比较完善的社会化运输体系。在公路运输方面，还存在许多一家一户的小生产运输方式，所以针对公路运输建立与之相应的社会化运输体系迫在眉睫。自我国改革开放以来，公路运输方式已经发生了翻天覆地的变化，发展十分迅猛，推动了运输能力和质量大大提升。

（2）推动直达运输的发展

直达运输是指从产地或起运地直接将物资运输到客户所在地或销售地，越过、减少包括铁路交通中转和商业、物资仓库等在内的环节的运输方式。中转换载环节的减少是直达运输的关键内容，有利于运输速度的提升、中转货损的降低和装卸费用的节省。直达运输方式虽然省略了中间环节，但推动了运输费用和时间的节省，具有非常大的灵活性。但相对来说，对企业各个部门之间配合协作的程度提出了更高的要求。就企业来说，应该加强内部包括仓库、财会、业务和计划等在内的各个部门之间的团结协作能力，让相应的联络机制建立起来，让相应的需求得到满足。直达运输方式和其他合理化举措相同，只有在一定条件下才能体现出合理的直达运输。这种运输方式在货物出口中运用较多，部分消费品可以结合具体货物的不同情况，对中间环节减少或省去，直接向零售商或批发商所在地运输。实践中要根据用户的要求，从物流总体出发作综合判断。

（3）在中短运输距离中开展"以公代铁"的运输方式

这种运输方式的合理性主要包括两方面：一是将公路运输方式在中途运输过程中存在的灵活机动性和速度快、"门到门"的优势充分发挥出来，提升服务质量和水准，而且服务质量是铁路运输无法比拟的；二是相比铁运运输，公路运输的交通紧张在分流作用下得到缓解，有利于中短距离运输通过能力的提升。

（4）分区产销平衡合理运输

这种运输方式是指在物流运输过程中，将某种货物从最适合生产的区域向消费区域运输，运输活动要按照既定计划进行。实现产销平衡之后，要以近产近销原则作为主要依据，选择运输距离最短的路线。利用分区产销平衡运输方式，有利于进一步增强货物产销过程中供、销、产和运的计划性，避免不合理运输形式的迂回、对流和过远等现象，从而减少运输损耗、物流费用和运输成本。在具体实践过程中，简单规格、分散消费、集中生产和单一品种的货物，或集中消费、大调动量和分散生产的货物适合使用这种运输方式，如木材、矿建材料、水泥、煤炭、粮食等货物。

（5）引入新技术新工具

引入新技术新工具是实现运输合理化的重要途径之一。比如，运输粉状货物使用专用散装车、运输液体状货物使用罐车，有助于解决运输过程中存在的较差安全性和大损耗等问题；利用专用运输车将整体运输大型设备的问题妥善解决；利用滚装船解决运输载货车的问题；与一般货船相比，集装箱船在运输过程中的运用能将更多箱体容纳；集装箱高速直达船或直达车的运用有利于运输速度的提升等。

第四节 物流管理及其必要性

一、物流管理的内容

物流管理是指在社会再生产过程中,根据物质资料实体流动的规律,应用管理的基本原理和科学方法,对物流活动进行计划、组织、指挥、协调、控制和监督,使各项物流活动实现最佳的协调与配合,以降低物流成本,提高物流效率和经济效益。

(一)物流的运输管理

运输是依据一定的路线借助运输工具实现货物的空间移动。运输是物流功能的两大支柱之一,在物流过程的各项活动中,运输费用占的比重较大,是影响物流费用的一项主要因素。因此,合理地规划运输对于提高物流经济效益和社会效益都起着尤为重要的作用。运输管理需要选择运输方式(如空运、水运、铁路运输、公路运输、管道运输)、寻找最好的运输公司或承运人、设计最优运输路线、调度车辆、选择设备和审核运价,以及确保货物安全和运送过程中的相关法律事宜,确保交货期和低成本等。

(二)物流的仓储管理

仓储管理是物流管理的一个重要环节,涉及货物存储、保护、管理和贮藏等方面。良好的仓储管理可以保证货物的安全、保密和高效运转,降低企业物流成本。仓储管理活动主要包括以下五方面:

(1)货物所有权。货物所有权是指谁拥有货物的权利,企业在进行仓储管理时需要明确货物的所有权,以便确定货物的处理方式和保护措施。

(2)存货地点。企业在选择存货地点时需要考虑货物的种类、数量、体积和价值等因素,以确保存储设施的充分利用和货物的安全。

(3)仓库结构确定。企业在确定仓库结构时需要考虑货物的存储方式和操作流程,以便确定仓库的布局和设计。

(4)仓库布局设计。企业在设计仓库布局时需要考虑货物的存储方式、出入口的位置和尺寸、货物堆放的高度、货物区域的划分等因素,以确保货物的快速出入库。

（5）运作管理。企业在进行仓储管理时需要实行科学的运作管理，包括货物分类、货物存储、货物出入库、库存管理、物流信息管理等，以确保货物的高效运转和及时的物流信息传递。

（三）物流的配送管理

物流的配送管理是指对物流配送过程中的信息、货物和资金进行有效的控制、管理和协调，以实现客户要求的准确、及时和高效配送。配送管理包括订单管理、调度管理、配送路线优化、配送过程监控等多个方面。

首先，订单管理是指管理客户下的订单，包括订单录入、查询、修改、取消、审核、确认等一系列流程。订单管理的目的是准确了解客户需求，为配送管理提供准确的基础数据。其次，调度管理是指根据订单信息和配送区域，对配送车辆进行调度，合理分配各个区域的配送任务，提高配送效率和降低成本。再次，配送路线优化是指通过数据分析和模型计算等手段，优化配送路线，降低里程和成本，提高配送效率和服务质量。最后，配送过程监控是指通过 GPS 定位、传感器、云计算等技术手段，对配送过程进行实时监控，提高配送安全性和服务水平，同时为物流企业提供管理决策支持。

二、物流管理的必要性

物流是集运输、储存、装卸、搬运、包装、流通加工、配送、信息处理等功能为一体的活动。它涉及从生产领域到消费的过程，即从生产企业到经营企业再到最终消费者的过程，也是产品由半成品到成品有效的移动。物流不单单涉及制造业，还与零售商、批发商、银行等服务组织有关，也与政府、学校、医院等有关系。管理是对人类共同活动的客观要求，物流作为一项共同劳动也需要管理。对物流的管理涉及商品的产出点到消费点，甚至最终（回收、再利用）处理点的流动管理。物流活动的复杂性也造就了物流管理活动的复杂性。

理解物流管理，就要了解进行物流管理的目的。从企业角度出发，物流管理的主要目的是尽可能使产品有效率地进入、经过和流出自己的企业以促使整条供应链有效率地运转。通过企业正确地开展物流活动，使产品在整个供应链中实现有效率、畅通地流动。这样的流动不但需要企业或组织间采用更有效的方式以实现相互合作，更需要企业对本企业内的物流活动进行科学有效的管理。概括起来说就是低的总成本条件下，实现既定的客户服务水平，寻求服务优势和成本优势，以保持企业在竞争中的优势。

物流管理从客观上说就是让顾客满意。满意的顾客能为企业提供较高资产回报率，促进企业的可持续发展，帮助企业达到远期战略目标。顾客满意的程度是由顾客需求被满足的程度而定的。企业必须提供能够满足顾客需求的商品，但是，顾客是通过一系列因素或标准来判断是否购买这种商品的。

第二章 交通运输需求与供给分析

第二章　交通运输需求与供给分析

第一节　交通运输需求分析

一、交通运输需求的分类

（一）货物运输需求和旅客运输需求

1. 货运需求的种类

（1）根据货物的类别分为普通货运需求和特殊货运需求。普通货运需求表现为所要运输的货物都是生产和生活中常见的生产资料和消费资料，运输需求量大且比较平衡稳定，在运输过程和保管、装卸过程中没有特殊的要求；特殊货运需求，表现为所运输的货物大都是长、大、笨、重货物，危险品，鲜活易腐货物等，在运输和保管过程中有其特殊的要求，如果没有特殊的保护措施和技术手段，则难以满足这种运输需求。特殊货运需求相对来说，运输需求较小，且不稳定性较大。

（2）根据运输距离可分为长途货运需求和短途货运需求。长途货运和短途货运相比，运距较长，装卸作业、办理手续等方面简单，形成的运输周转量大；短途货运需求则相反，频繁装卸，而且形成的运输周转量小。面对这两种运输需求，要求交通运输企业重视灵活性、方便性和效率。

（3）根据一次所要运输的货物批量可分为零担货运需求和整车货运需求。零担货运需求的显著特点是一次承运的货物批量小，由于不同需求者承运的货物种类、去向、距离均不相同，因而这种需求的满足要求交通运输企业建立一定的运输网络，配备相应的运输服务设施；整车货运需求即其一次承运的货物至少用一辆车运送的运输需求，这种需求的满足较为容易。

（4）按货物的行业属性分为工业品运输需求和农产品运输需求。工业品的特点是数量多，需求稳定；因农产品比较分散，且季节性较明显，因而农产品运输需求一般表现为运输需求量集中，而且比较单一。当然，对于工业品和农产品运输需求还可以根据其特性进一步分为不同的运输需求种类，如石油运输、粮食运输需求等。

（5）根据货物的时效性分为快件货运需求和普通货运需求。一些货物因其本身的性质决定，有较强的时间要求，以提高其时间价值，对尽快运送到目的地有特殊的要求，因而表现出不同于其他货物需求的特点。作为交通运输企业，在满足快件货运需求时，必须满足货主的时间要求。

2. 客运需求的种类

（1）根据旅客出行的目的分为普通客运需求和旅游客运需求。普通客运需求是指旅客出行的目的是探亲、访友、出差等日常生活或工作需要。这类需求的主要特点包括目的多样化、运输需求者广泛和运输需求量相对稳定。旅客出行的目的种类和范围较广，需求涵盖面也相对较广，包括家庭、企事业单位、政府机关等。相对于旅游客运需求，普通客运需求的季节性和天气因素对需求量的影响较小，因此运输需求量相对稳定。

旅游客运需求是指旅客出行的目的是旅游观光、休闲度假等，其运输范围一般为城市之间、城市和风景名胜之间，线路比较特殊。旅游客运需求的主要特点包括旅游目的明确、运输需求者相对较少、季节性较强以及对服务和舒适度的要求较高。由于旅游客运需求的季节性较强，所以其波动性较大。旅游客运需求者对运输工具、服务等方面的要求较高，要求舒适、安全、可靠等。

（2）根据旅客的时间要求不同可分为直达快运需求和一般客运需求。在现代社会，人们对于时间的利用越来越重视，因此交通运输企业需要根据旅客需求来提供不同的服务。直达快运需求主要是针对那些时间敏感性较强的旅客，他们希望在最短的时间内到达目的地。因此，交通运输企业需要提供直达的服务，减少中途停靠站点，以及采用高速铁路、高速公路和性能良好的车辆等运输手段，从而满足这种客运需求。一般客运需求则是普通的技术与组织水平下的旅客运输需求，它们一般是定时、定点、定班的，旅客可以选择最适合自己的出发时间和班次。相较于直达快运需求，一般客运需求更为普遍，一般的旅客可以通过选择不同的班次和服务等级来满足自己的需求，通常在途时间占用正常。

（3）按照运输距离的不同，客运需求可分为长途客运需求和短途客运需求。长途客运需求的特点表现在旅客出行的目的大多是探亲、出差、上学等，起讫点一般为城市之间和较远的城乡之间，运输距离相对较长。因此，长途客运需求通常需要提供更舒适、更安全的运输环境，对运输工具和服务的要求也相对较高。而短途客运需求者的出行目的大都是购物或在居住地的附近地区探亲等日常出行需要，因此短途客运需求的运输距离相对较短，但出行频率较高。短途客运需求的特点是通常采用小型的运输工具（如公交车、出租车等），并且注重节约和效率。在客运市场中，长途客运需求和短途客运需求都有其特殊的市场需求和运输规律，运输服务提供商需要根据市场需求和运输规律，有针对性地制定运输方案和服务标准。

此外，根据客运服务质量的不同，可以将客运需求划分为不同种类。舒适的车辆、周到的旅途服务等会给旅客带来愉悦的旅行体验，满足旅客的精神需求，这种需求被称为高端客运需求。相反，如果车辆设施低劣、缺乏安全性、旅途服务不佳等，会给旅客带来不适和负面的旅行体验，这种需求被称为低端客运需求。此外，还有一些旅客更注重环保和节能等方面的需求，他们可能更倾向于选择公共交通工具，这种需求被称为环保节能客运需求。随着人们生活水平的提高，对旅行品质和服务的需求也会不断提高，所以客运需求的划分也会随之不断变化。

（二）区域内、区域间运输需求和过境运输需求

（1）区域内的运输需求是指旅客和货物在同一区域内进行运输的需求。这种需求主要由该区域的经济活动和人们的社会生活所决定，如商品配送、人员往返、办公用品采购等。这种运输需求通常跨越的距离较短，如城市内部的公交、地铁、出租车以及快递、物流配送等。区域内的运输需求对于区域经济的发展和社会生活的运转起着至关重要的作用。例如，在城市内部，各种交通方式的发展和运营对于城市居民的出行和工作产生了深远的影响，为城市的经济繁荣和社会稳定提供了基础支撑。在农村地区，物流配送对于农产品的销售和农民的生产生活具有重要的推动作用。

（2）区域间的运输需求是指起始点在某一区域内而终止点不在这个区域内的运输需求。这种运输需求的产生和发展与区域间经济、文化和社会发展的联系紧密相关。通常情况下，区域间的运输需求越大，所联系的各区域间的经济、文化和社会发展关系也越密切。例如，不同地区之间存在着各种经济活动，如工业制造、农产品销售、旅游观光等。这些活动需要通过运输来实现各地之间的联系，而运输也在实现区域间经济、文化和社会发展的联系中扮演了重要的角色。区域间运输需求的增长也会促进各地之间的交流与合作，推动区域经济的繁荣发展。例如，当某个地区的产业链发展较为完善时，该地区的企业需要通过物流体系将其生产的产品运往全国各地，以满足市场需求。同时，其他地区的企业也需要从该地区采购原材料和配件，才能保证自己的生产运营正常进行。因此，区域间的运输需求越大，也就意味着各地之间的产业协作越紧密，从而推动区域经济的发展。

（3）过境运输需求是指旅客和货物的起始点和终止点都不在某个区域内，它们只是通过该区域的交通线路实现位移的需求。这种需求与该区域的经济、文化和社会发展没有直接的关系。过境运输需求的特点主要包括以下方面：首先，过境运输需求的规模主要受该区域的交通地理位置和通行能力的制约。例如，一些重要的交通枢纽地区，如大型机场、港口和铁路枢纽等，通常会有大量的过境运输需求。其次，过境运输需求主要依赖于跨区域的交通运输工具和服务，如跨境公路、航空、铁路和水路等。这些交通运输工具和服务的运营和发展，对过境运输需求的满足具有重要的意义。再次，由于过境运输需求没有直接地关系到该区域的经济和社会发展，因此其波动性较小。过境运输需求主要受国际贸易、人员往来和旅游等因素的影响。最后，由于过境运输需求的特殊性，需要政府和交通运输企业采取一系列的政策和措施来促进其发展。例如，建设更加完善的交通基础设施、加强与其他国家和地区的交通合作和联通，优化过境运输的通关服务等。

（三）铁路、公路、水路、航空、管道运输需求

铁路运输需求是指长途旅客和远距离、大宗货物需要利用轨道运输快速可靠、运量大的特点满足的运输需求。铁路运输有时效性、准确性高，适合长距离、大运量的运输方式，是国民经济发展中重要的一环。

高速公路上，单程3000公里以上的运输车队随处可见。公路运输具有灵活性高、服务范围广、线路变动容易等优点，是城市配送、短途运输等方面的重要运输方式。

水路运输需求是指煤炭、粮食、矿物、建材、轻工医药产品等大宗散货运输以及国际贸易方面需要利用江河湖泊和海洋的"天然航道"所能进行的廉价、大运量的运输需求。水路运输具有运量大、成本低等优点，是长途、大宗货物运输的重要方式。

航空运输需求是针对那些时效性强的旅客运输和贵重货物运输，以其便利快捷、舒适安全等特点满足的运输需求。航空运输适合于远距离、高速运输和紧急货物运输，对时效性要求高的需求是重要的运输方式。

管道运输需求主要满足油、气的运输需求。管道运输具有运输安全、经济、效益好等特点，是能源、化工等领域一种重要的运输方式。

二、交通运输需求的影响因素

（一）产品的商品化率和就地加工程度

货运需求主要来自商品流通，因此如果一个国家或地区的生产社会化程度高，产品的商品化率高，产品流通的规模较大，那么产生的运输需求就多。相反，如果产品的商品化率低，同样数量的产品就不会形成较多的运输需求。比如，过去我国的粮食生产，商品化率较低，农民生产的粮食除交售国家的部分外，其余部分都就地存放起来。由于这部分粮食不参与流通，因而不能形成货运需求，但自从改革开放后，特别是粮食生产管理体制变革后，粮食流通的规模和范围大大增加。事实上，近年来我国货运需求大大增加的原因之一，就是随市场经济发展而导致的生产社会化、商品化程度的提高。

产品的就地加工程度是指产品从初级阶段到最终产品阶段的加工程度。在货运需求方面，若某种产品在就地加工的过程中完成了从原材料到最终产品的全部生产过程，就不需要在加工地之间进行中间产品的运输，这会降低运输需求量。例如，棉花可以在当地连续加工成布或服装，这种就地加工过程减少了中间产品在加工地之间的运输需求。相反，如果产品的就地加工程度较低，那么中间产品的地区间往来必然形成较多的运输需求。例如，如果某地只能加工木材成为初级产品，而在其他地区进行最终产品的加工，那么木材和其他中间产品之间的运输需求将会增加。此外，产品的就地加工程度也会影响运输成本和时间。较低的就地加工程度意味着需要在运输途中进行加工，增加了运输成本和时间成本，同时也增加了物流风险。因此，就地加工程度的高低也是影响货运需求的重要因素之一。

（二）运价水平

货运需求对运价水平的变动是弹性的，即运价水平的变动对货运需求的变动有着直接的影响。一般而言，运价水平上升时，运输需求会受到一定程度的抑制；运价水平下降时，运输需求则上升。这也是运价能充当调节运输供求关系的杠杆的原因所在。运价之所以能影响货运需求，关键在于运价水平的高低意味着货主所支付的运费水平的高低，而运费作为其产品生产成本的一部分会影响其产品成本的高低，继而影响其产品的售价、盈利以及市场竞争能力。换言之，运价和货主的经济利益密切相关。同时，运价水平通过影响商品的市场范围的扩大或缩小,也影响着货运需求的扩大与减少。较低的运费能使同一商品运往更远的地方参与竞争,必然形成较多的货运需求。

(三)国家的经济政策

国家的经济政策对短期内的货运需求有明显的影响。如果整个经济在扩张性的政策刺激下处于高速发展时期,则表现为投资规模扩大,能源、原材料需求增加,商品流通活跃,市场繁忙,对运输产生的影响就是运输需求急剧增加。相反,在整个经济处于紧缩政策抑制下放慢增长速度时,货运需求将明显地减少。除宏观经济政策外,还有影响某一地区和产业发展的有关政策,如产业政策、地区开发政策等。如果国家的产业政策发生调整,则所扶持和限制的产业必然要发生变化,整个产业结构将跟着发生变化,特别是物质生产领域的各产业的变化,将对货运需求产生直接的影响。

三、交通运输需求变动的一般规律

(一)运输需求在时效上的波动性

一般而言,时效性强的货物,运输需求的价格弹性较小;时效性弱的货物,运输需求弹性较大。例如,易腐货物,货主宁愿选择快速高价的运输工具尽快把货物运往市场,否则会因时间延误使货物本身遭受损失。在消费方面有季节性要求的货物也是如此。对旅客运输需求而言,其价格弹性大小除取决于需求的可替代性、时效性以外,还取决于旅客出行的必需程度及收入水平等。例如,为了生产、工作和一般的探亲、上学等而发生的旅客运输需求,其必需程度相对较高,运价的变化对这部分的运输需求所产生的影响较小。为了旅游、娱乐等而产生的运输需求,其必需程度相对较小,因而这类旅客运输需求对运价的弹性较大。从收入水平看,高收入的人,由于运输费用支出在其生活费用总支出中所占的比重较小,更多的是考虑需求的满足而不是运费支出,因而对价格的弹性相对较小;而收入水平低的人则更多地考虑运费支出,运价变动,特别是运价提高时,必然要做出较灵敏的反应。

(二)运输需求在波动中呈上升趋势

无论是货运需求还是客运需求,都在波动中呈上升趋势。由于社会经济不断发展,因此作为社会经济发展派生物的运输需求必然也不断提高,在这一点上,运输需求和一般消费品需求形成了明显的对比。这也是分析运输需求变化时的一个最基本的立足点。尽管货运需求和旅客运输需求总体呈上升趋势，但却是在波动中上升的，而且这种波动无法避免，具体表现为一年之内的不同季度、不同月份，一月之内的不同周、日，以至不同年份之间等，运输需求量的分布不均衡。

从货运需求的波动看，其根本原因在于物质产品生产和消费的季节性。有些产品生产有季节性，消费却是均衡的，如粮食；有些产品生产均衡，消费却有季节性，如化肥、农药，以及大多数工业产品；有些产品则生产和消费都具季节性。

从旅客运输需求的波动看，其根本原因是由旅客生产、工作、学习、探亲活动的季节性引起的。此外，节假日、作息制度也是重要的原因。了解这一点，对于准确把握短期内运输需求的变动有着重要的意义。

（三）运输需求变化与运输供给变化的不一致性

在运输市场中，需求和供给经常会同时发生变动。但由于运输供给的变化比较稳定，而运输需求却在波动中变化，因此使运输需求和运输供给在变化上呈现不一致性。但最终，运输需求和运输供给会通过相互影响实现运输量和运价的均衡。

第二节　交通运输供给分析

一、交通运输供给的分类

（一）个别供给、局部供给和总供给

个别供给是指特定的运输生产者所能提供的运转供给总量，是指具体某一运输企业或某一运输方式所能提供的运输产品和服务。在运输市场中，各家运输企业竞争激烈，每家企业都希望通过提高自己的运输产品质量、服务水平及价格等来满足客户的需求。而运输产品和服务的供给能力不同，这也导致不同的运输企业之间的竞争情况不同。例如，一些规模较大的铁路运输企业，由于拥有先进的设备、技术和管理水平，能够提供更为高效、便捷的运输服务，因此在市场上具有一定的竞争优势。一些规模较小的公路运输企业，则可能因为运输能力和服务水平的限制而难以满足客户的需求。个别供给的特点是微观经济的,它反映了单个运输生产者在市场上的运输产品和服务供给能力,是构成市场总供给的一个重要组成部分。在市场经济条件下,个别供给的多少和质量,直接影响着市场的供给总量和市场的竞争格局。因此,了解各家运输企业的个别供给情况,对于客户选择合适的运输服务、优化市场供求关系和提高市场效率都具有重要意义。

局部供给是指某个地区或某种运输方式所能提供的运输供给总量,是一个中观经济范畴。在我国国土辽阔、地区经济发展不平衡的情况下,不同地区的运输布局、各种运输方式的分布及其所提供的运输供给能力也不同。一般来说,经济发达地区的运输网络密度较大,交通运输业较为发达,因此运输供给能力相对充足;而边远地区、经济落后地区的运输网络稀疏,交通运输业相对落后,所能提供的运输供给能力往往不足。此外,不同运输方式所提供的局部供给也不同,如铁路运输在长距离、大宗货物运输方面的优势明显,而公路运输则在中短途、小批量货物运输方面具有灵活性等特点。因此,对于不同的区域和运输方式,需要有针对性地制定相应的运输规划和政策,以满足不同地区、不同行业的运输需求。

运输总供给是从整个经济体系的角度来考察运输供给总量,它包括所有运输方式和所有运输生产者所提供的供给。从这个角度来看,运输总供给是一个宏观概念,体现的是整个社会和国家的运输能力和供给水平。运输总供给的大小,不仅取决于各种运输方式的运输能力和运输效率,还受到整个经济体系的影响,包括资源配置、产业结构、物流管理等方面的因素。对于运输总供给来说,一个地区、一个运输方式或一个运输生产者所提供的供给是不够的,需要全局来看待运输供给。这就需要各种运输方式和各个运输生产者之间的协作和协调,以达到最优的运输效果。因此,对于运输总供给的研究,不仅需要对各个运输方式和运输生产者进行分析,还需要考虑它们之间的协作和整体运作效果。

(二)生产性供给和消费性供给

货物运输是生产性的运输供给,因为货物的运输是为了满足生产过程中的物流需求,即在生产过程中将原材料、半成品、成品等物资从一个地方运往另一个地方,以满足生产过程中的物流需求。这种运输供给是为了支持和促进经济生产的进行而提供的,是经济发展的基础和保障。例如,工厂需要从原材料供应地采购原材料,将其加工成半成品或成品,再通过运输运送到销售地点进行销售。在这个过程中,货物的运输需求就是为了满足生产过程中的物流需求而产生的。

旅客运输既有生产性的运输供给,也有消费性的运输供给。生产性的运输供给是指旅客外出务工、采购、推销等需要出行的情况,这种出行是为了满足生产或经济活动中的需要。例如,工人需要从居住地到工作地出行,商人需要到其他地方采购或推销产品,这些都是生产性的运输需求。消费性的运输供给则是指旅客休闲、度假、旅游等需要出行的情况,这种出行是为了满足旅游、休闲等消费需求。例如,人们去海边度假、去景点游览等,这些都是消费性的运输需求。旅客运输既能满足生产活动的需要,也能满足人们生活质量提高的需要,因此具有双重作用。

二、交通运输供给的技术因素分析

科学技术是推动社会发展的根本力量。技术进步对于生产效率的提高具有重要的作用,主要体现在以下方面:首先,技术进步可以带来生产工艺和方式的改进。新的技术可以使生产过程更加自动化、智能化,从而减少劳动力的使用,提高生产效率和产品质量。例如,工业生产中采用了各种自动化设备和智能化系统,可以大幅度提高生产效率。其次,技术进步可以促进生产过程的节约。新技术的应用可以提高资源利用率和能源利用效率,减少资源和能源的浪费,从而降低生产成本。例如,工业生产中采用了新型材料和高效设备,可以大幅度减少能源的使用量。再次,技术进步可以改善生产的安全性和环境保护。新技术可以减少生产过程中的危险和污染,提高生产的安全性和环境保护水平,从而促进可持续发展。例如,工业生产中采用了新型的环保设备和清洁技术,可以有效地减少污染物的排放和对环境的影响。最后,技术进步可以带来经济组织、营销和管理方式的改进。新技术的应用可以提高企业的管理水平和市场竞争力,从而提高企业的生产效率和经济效益。例如,企业采用信息化管理系统和互联网营销渠道,可以提高企业的管理效率和市场竞争力,从而提高企业的生产效率和经济效益。

交通基础设施和运载设备的技术水平的提高对于运输供给的影响是显著的。首先,交通基础设施的技术水平提高可以增加交通运输的效率和安全性,从而提高运输的供给能力。例如,高速公路的建设采用了先进的建设技术,可以大幅缩短旅行时间,提高运输效率,高速铁路的采用也使旅客运输速度得到极大提升，同时运输量也得到显著增加。其次，运载设备技术水平的提高也可以增加运输供给能力。现代化的交通运输设备不仅可以提高运输效率，而且能够运载更多的货物和旅客，从而提高了运输的供给能力。例如，现代化的货运飞机和集装箱船只能够以更高的速度、更大的运输量、更高的安全性和更低的成本来运输货物，高速列车和大型客机也可以更快地运输更多的旅客。最后，管理水平的提高也是技术进步对运输供给的影响之一。采用先进的信息技术和管理理念，可以使运输的供给更高效、经济和安全。例如，智能化的物流管理系统可以优化运输路线、提高货物运输效率、降低运输成本和减少物流环节的损失。

运输设备的革新是指通过新的材料、新的设计和新的工艺，对运输设备的结构、性能和功能进行改进，使之更加先进、高效、可靠和安全。比如，铁路机车从蒸汽机车发展到内燃机车和电力机车，航空运输从涡轮螺旋桨飞机到喷气式飞机和超音速飞机，公路运输从小轿车和小型货车发展到高速公路和大型卡车，海洋运输从蒸汽轮船发展到柴油船和核动力船等。运输设备的革新，不仅提高了运载能力和速度，也提高了运输设备的可靠性和安全性，降低了运输成本和交通事故率。这些改进对于货运和旅客运输的效率和服务质量都有着显著的提升。例如，高速列车的使用，能够以更快的速度、更大的运量运输旅客和货物，从而满足更高效的运输需求；大型卡车的使用，能够在同样的时间内运输更多的货物，从而提高了货物运输的效率和运输供给的能力。

第三节 交通运输供需平衡

基于经济学原理视角下的市场是存在着自行调节机制的有机体，即市场运行机制。市场运行机制的作用在于促使供给和需求形成一定规律运动，从而达到某种意义上的均衡。简而言之，通过市场价格的波动使市场供需求处于相对均衡的稳定状态。运输市场是市场的一部分，所以也需要市场的运行机制来实现均衡。

一、均衡的概念

（一）经济学中的均衡

经济学中均衡的含义包括三个层面：

其一，均衡是经济行为或经济过程中的某种特定状态，商品的数量是状态的函数，商品的价格是状态的支配变量。

其二，在同一经济活动中的均衡状态，主要是指需求方和供给方都能得到相同满足。

其三，满足的心理状态对经济价值的实现与否有着极大的影响力，满足的心理状态不仅可以是个体层面上的，也可以是社会层面上的。

（二）运输经济学中的均衡分析

运输市场中供给和需求的均衡机制是基于运输经济学中均衡分析的主要对象。运输市场包含的内容和涵盖领域十分宽泛，如多元化运输方式、多元化运输对象、多元化运输服务以及不同运输区域等，所以运输市场是一个极其复杂的概念。不仅如此，不同运输方式间相互替代情况的出现也增加了分析难度，如果运输成本水平发生了足够的变化，那么运输产品供应和运输市场之间的关系就会被重新调整。此外，所有特定运输市场的需求，都会受到来自市场内部的价格和其他相关因素变化的影响，以及其他可替代品和运输渠道运费水平变化的影响。

通常，人们需要花费大量时间和精力将有限数量的运输渠道与无限数量的客流和货流的来源地和目的地连接起来，并使用大数据等现代方法来获取各种运输产品和服务的重叠和交织信息，以及运输渠道和运输乘载工具等对应的特定运输市场的相互重叠、交织的信息获取，从而再通过经济分析将其区分开来。由此可见，运输经济学对运输市场的均衡分析极其烦琐且复杂。

二、交通运输市场供需均衡调节

运输市场的供需均衡状态是指市场上货物或服务的总需求量与总供给量相等的状态，或者总需求价格与总供给价格相等的状态。在这种状态下，市场能够实现资源的最优配置，为消费者提供高质量、低价格的货物或服务，同时也能保障生产者的利益。然而，由于市场经济的动态性，市场上的供求关系会随着时间和环境的变化而发生变化，可能导致市场失衡，即供需不平衡的状态。

市场失衡是一种资源浪费的状态，可能导致货物或服务的浪费，以及经济效益的下降。因此，需要通过调节手段来实现供需均衡。其中，一些调节手段包括价格调节、政府干预、运输组织优化等。价格调节是通过价格机制来影响消费者和生产者的行为，进而调节供求关系。政府干预是通过税收、补贴、监管等手段来影响市场供求关系，以达到供需平衡的目的。运输组织优化则是通过改善运输组织和管理方式，提高运输效率，以提高运输供给能力。

（一）价格政策调节

基于该市场经济中的均衡是一种不可否认的趋势，市场中的某种力量促使了均衡价格的出现。由于某些政治和经济因素会介入到现实经济生活中，因此市场竞争有时会陷入一些不健康的状态，如虚假宣传、无序竞争、商业贿赂等。此时，政府作为宏观调控主体，为了使市场物价向稳定方向发展，竞争处于公平和有序状态，生产者和消费者权益不会受到损害，就会对运输市场产品实施最高限价和最低限价政策，这些政策的实施，通常会对运输市场的供需均衡带来影响。

1. 最低限价

最低限价又被称为地板价，是指通过非经济手段设定在高于市场均衡价格的水平上的底价。此外，由于它对生产和供给方面都具有一定的保护作用，因此又被称为保护价。政府阻止价格下降到某一水平而制定最低价格的原因可能有以下三个：

（1）保护生产者的收入。最低限价政策是政府通过法律或行政手段规定某种商品或服务的最低售价，以保障生产者的收入不至于过低。在运输市场中，如果政府认为某种运输产品的价格过低，不足以覆盖生产成本和合理的利润，就可能对该产品实行最低限价政策。这样可以保证生产者的利益不受到过度侵害，同时也有利于保证运输市场的供需平衡。

最低限价政策的实施可能会对市场供需均衡产生影响。当市场上某种运输产品的供给过剩、需求不足、价格下降时，政府规定的最低限价可能高于市场价格，这时候就需要政府通过一些手段调节市场，以使市场供需均衡，避免供过于求造成的生产过剩和浪费。例如，政府可以通过购买、储备等方式减少供给，或者通过扶持需求、刺激消费等方式增加需求，以达到供需平衡的目的。

需要注意的是,最低限价政策也可能存在一些问题。例如,政府实施最低限价政策可能会造成浪费,因为政府可能需要购买过剩的产品或补贴生产者,这些都会带来一定的成本和浪费。另外,政府的最低限价政策也可能会引起市场扭曲,导致一些不正常的现象出现,如黑市交易和租借等。因此,在实行最低限价政策时,需要谨慎权衡利弊,避免带来不良影响。

(2)制止产品的过剩。除了避免短缺,政府实行最低限价政策也可以避免出现产品过剩。当市场上的供给超过需求时,价格会下降,这可能会导致生产商的亏损,从而降低了其生产的积极性。政府通过实行最低限价政策,可以保证生产者的收入,从而避免产品过剩和企业破产。

以粮食为例,政府实行最低限价政策可以避免出现粮食过剩的情况。如果政府不实行最低限价政策,那么农民可能会因为市场价格过低而放弃种植粮食,导致粮食减少。但是,如果政府实行最低限价政策,那么农民可以获得更高的收益,这样就可以鼓励他们种植更多的粮食,保证了粮食供应的稳定。同时,政府可以将存储下来的粮食用于抵御自然灾害或人为灾害等突发事件,保证了国家的粮食安全。

(3)对工资制定最低限价可以防止工人收入低于某一特定水平。针对部分省市集装箱运输市场的无序、恶性竞争,政府实施集装箱运输最低限价和合理浮动价政策,主要目的是保护从业人员的收入,防止工人收入低于一定水平,同时也是为了维护市场秩序和竞争环境,防止价格虚高和恶性竞争。具体来说,政府可以通过发布最低限价,规定该市场中所有集装箱运输产品的最低价格,防止价格过低和恶性竞争。政府还可以通过设置合理的浮动价,让价格在一定范围内自由波动,避免价格过高或过低,保证市场竞争的公平性和有效性。此外,政府还可以对不遵守最低限价政策的企业进行处罚,从而维护市场秩序和公正竞争环境。

制定最低限价的问题之一是有过剩产品。如图2-1[1]所示。

---

[1] 蒋惠园. 交通运输经济学 [M]. 武汉:武汉理工大学出版社,2009:82-83.

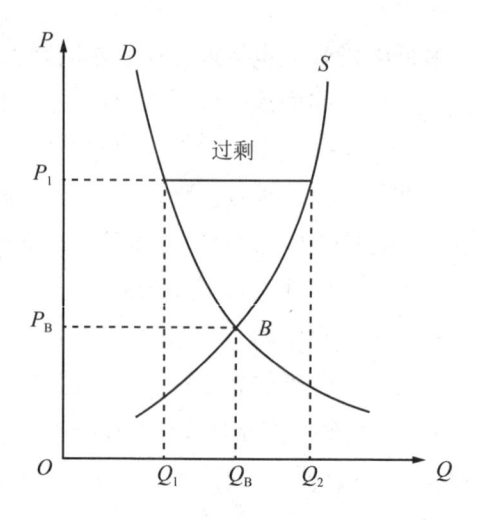

图 2-1 最低限价

从图 2-1 可以看出，某运输产品的均衡运价为 P_B，均衡运量为 Q_B。支持价格为 P_1，高于均衡运价为 P_B，与 P_1 相对应的需求量为 Q_1，与 P_1 相对应的供给量为 Q_2，由于 $Q_2 > Q_1$，所以运输供给过剩，且过剩量为供给量 Q_2 与需求量 Q_1 的差值。在没有政府干预的情况下，供过于求，价格会下跌，但现在是政府制定的最低价格为 P_1，因此，过剩难以消除，由于运输产品的不可储存性，运输产品过剩也就意味着浪费。因此，政府在制定某一运输产品的最低限价时一定要慎重。

2. 最高限价

最高限价又被称为限制价格，是政府调控价格的手段，也是国家指导价的形式，主要是为了防止某种运输产品的价格上涨过快，从而为该产品设定一个低于市场均衡价格的最高价格。简言之，最高限价是指政府制定的价格上限，最高限价是国家打击投机倒把、哄抬物价、控制市场价格总水平的手段。国家以原制定限价为依据，适时进行调整，当最高限价不必存在时就会撤销。

当市场价格高于最高限价时，政府将采取强制措施限制价格上涨。政府实行最高限价的目的主要是保护消费者的利益，避免价格过高导致消费者负担过重，同时也可以防止价格暴涨导致的社会不稳定因素。最高限价也可以用来限制某些行业或企业的垄断行为，防止他们利用垄断地位恶意涨价，对市场造成不良影响。在道路运输市场上，由于竞争程度不够激烈，价格垄断现象时有发生，为了防止道路货运市场价格的严重波动和垄断行为的发生，政府常常制定道路运输价格最高限价，以规范市场价格。另外，在应对自然灾害和突发事件等特殊情况时，政府也会通过制定救灾物资运输最高限价等政策来确保受灾地区的供应能够及时到达，避免物资短缺和价格暴涨的情况发生。需要注意的是，最高限价作为一种市场调节手段，只有在特定情况下才能被使用。政府对于市场价格的调控应该是在市场失灵或存在市场垄断等极端情况下的必要手段，而不应该成为政府长期干预市场的手段。

政府对某种产品实现限制价格的后果是会引起产品供不应求。如图 2-2 所示。

从图 2-2 可以看出，某运输产品的均衡运价为 P_B，均衡运量为 Q_B。政府规定的最高限价为 P_1，低于均衡运价为 P_B，与 P_1 相对应的需求量为 Q_2，与 P_1 相对应的供给量为 Q_1，由于 $Q_2 > Q_1$，所以运输供给不足，出现短缺，且短缺量为需求量 Q_2 与供给量 Q_1 的差值。在没有政府干预的情况下，供不应求，价格会提高，短缺逐渐消失，但由于政府规定最高限价为 P_1，因此，短缺状态无法改变，面对短缺而必将造成各种运输方式拥挤。

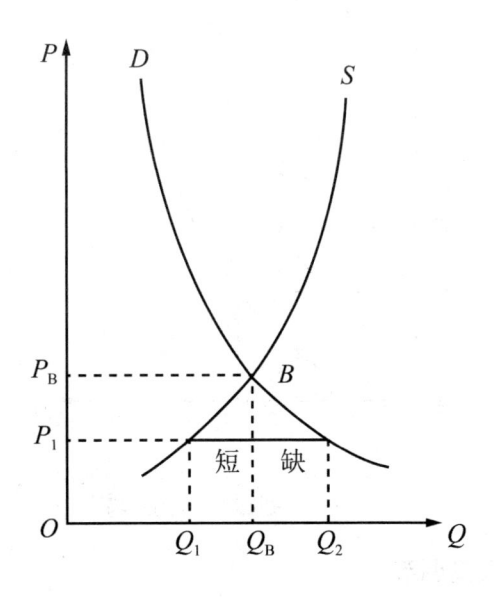

图 2-2 最高限价

由此可以看出，最低限价和最高限价都属于阶段性的举措，是针对特殊时期市场需求而决策是否实施的通过非经济手段限制运价调控运输市场的举措。其中，最低限价的作用在于维护市场稳定，确保行业良性发展；最高限价的作用在于对部分严重的供不应求市场进行市场价格总水平控制，保证消费者权益，限制暴利。而当供给和需求趋于正常状态时，市场价格就会相对稳定，此时的最低限价和最高限价就会被取消，价格调控的大权会再次交付于供需均衡状态。

（二）财政政策调节

国家财政政策是调节运输市场供需均衡的一个重要手段。税收由生产者或销售者向国家交付且包含在消费者可接受的运费价格中，此时购买者关心的不是运输产品价格中包含的税金，而是运输产品价格的高低，因此征税对需求曲线没有影响。但需要了解的是，征税是由运输生产者交付的，此时征税对供给曲线会产生一定影响。供给曲线会向左上方移动，移动的幅度与单位运输服务的税收持平，如图 2-3 所示。新的供给曲线为 S_1，新的均衡点为 B_1，运价由原来的 P_B 上升到 P_1，需求量由原来的 Q_B 下降到 Q_1，很明显，征税使运价提高了，需求量减少了。

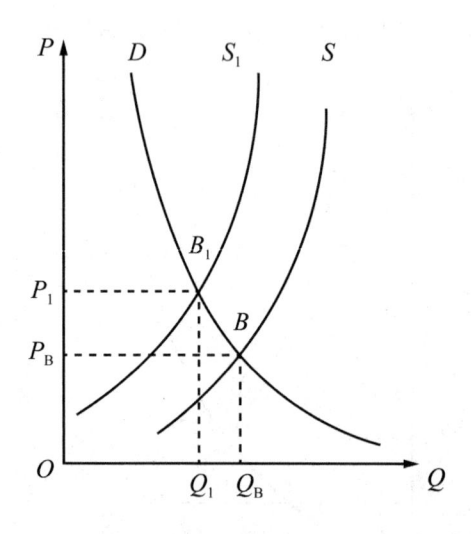

图 2-3 税收对均衡的影响

（三）投资政策调节

交通运输基础设施建设需要大量的资金投入，而且投资回收期长，这意味着交通运输企业无法靠自身财力进行建设和发展。因此，政府作为投资主体，承担起资金来源的责任，提供资金支持。政府还可以通过财政补贴、税收减免等方式对交通运输企业进行支持和激励，鼓励企业进行基础设施建设和更新改造。交通运输基础设施的建设和发展还具有准公共性的特征，即交通运输基础设施的建设和运营对社会和公众利益有着广泛而深远的影响，而不仅仅是为了满足企业自身的利益。例如，交通运输基础设施的完善可以促进经济发展、促进社会交流和交往，提高人民生活水平等。因此，政府必须在交通运输基础设施建设和发展中扮演重要角色，以保障基础设施建设和运营的公共性，同时确保企业获得合理的投资回报。

国家实施的交通运输投资政策主要包括国家直接投资和国家引导投资。

政府直接投资是指政府使用财政资金直接投向交通运输基础设施建设。由于交通运输基础设施建设所需要的投资金额巨大，回收期长，且利润率相对较低，因此仅依靠市场解决供需矛盾是远远不够的，政府介入成为必要。政府直接投资的方式，可以通过公共财政支出，或者使用政府垫付或贴息等形式来实现。这样可以提高交通运输基础设施的建设速度和质量，解决部分私人投资无法承担的重大项目，同时提高交通运输供给能力，满足社会需求。在直接投资中，政府可以根据不同地区和运输方式的实际情况进行投资倾斜，重点投资缺乏或者供需矛盾比较突出的运输方式或地区，从而更有效地提高运输供给能力，为社会和经济发展提供保障。此外，政府直接投资还可以带动民间资本投资，通过政府投资的拉动作用，吸引其他私人投资进入交通运输领域，进一步促进交通运输行业的发展。

引导投资是通过经济手段来引导社会资本投向某些重要的交通运输项目，从而满足国家发展需求和民生需求。具体来说，政府可以采用以下手段引导投资：

（1）财政补贴。政府通过财政补贴等方式向某些重要的交通运输项目提供资金支持，以降低企业的投资风险和成本，提高项目的投资回报率，从而吸引更多社会资本的投资。例如，政府可以对公共交通项目、基础设施建设等重点领域的企业提供财政补贴，鼓励其投资于这些项目。

（2）税收优惠。政府可以通过减免税收、缓缴税款等方式，降低企业的税负，增加其可支配资金，从而鼓励企业加大对交通运输领域的投资。例如，政府可以对投资于公路、铁路、航空等交通运输项目的企业给予一定的税收优惠。

（3）信贷支持。政府可以通过提供低息贷款、融资担保等方式，支持企业进行交通运输领域的投资。例如，政府可以设立专门的信贷机构，向交通运输企业提供低息贷款，降低企业的融资成本。

（4）政策引导。政府可以通过制定相关政策，引导社会资本投向交通运输领域的重点项目。例如，政府可以对新能源汽车、轨道交通等绿色低碳交通方式给予政策支持，鼓励企业加大对这些项目的投资。

（5）限制垄断。政府可以对某些容易引起垄断的运输方式进行限制，以保证市场的公平竞争和消费者的利益。例如，政府可以通过控制运输企业的市场份额、制定价格管制政策等方式，限制某些运输企业的垄断行为，从而鼓励其他企业加大对交通运输领域的投资。

（四）运输需求管理调节

交通运输需求管理主要从需求方面入手，多采用相关技术和政策调控，确保运输需求无论是在时间方面，还是在空间方面，都能处于均衡的状态，从而使运输的供给和需求保持有效均衡。目前的有效措施包括：第一，分散交通时间和空间，如向出行者提供交通实时信息、提供时段性收费标准、提供阶段性价格优惠政策等；第二，改变交通乘载方式，如鼓励出行乘坐公交车、调整停车费、乘车费、通行费等；第三，减少不必要的出行活动，如利用现代化网络通信技术、开启线上视频会议等方式代替出行。

第三章 交通运输成本、价格与市场

第一节　交通运输成本

一、交通运输成本的基本特点

"在交通运输中，成本问题一直被运输界所关注，而且交通运输成本也是直接影响企业经济收入和未来发展的重要指标，为此，交通运输成本分析工作至关重要。"[1] 交通运输业是特殊的物资生产部门，不生产有形的物质产品，因而运输成本与生产物质产品的工农业生产部门的生产成本相比，具有以下特点：

第一，因为运输企业不生产有形的物质产品，只提供运输劳务，因而在其成本构成中，不像一般的工农业产品生产那样消耗原材料，只消耗相当于原材料那部分流动资本的燃料、能源和动力等。

第二，交通运输业的产出是运输服务，而且生产过程和消费过程是同时进行的，运输产品不像一般的工农业产品那样可以储存，因而存储费用一般在运输成本中是不涉及的，而它在工农业生产中却占有较大的比重。

第三，在一般的生产性行业中，销售费用在其总成本中占有相当的比重，有的甚至销售费用大于其生产费用，而在交通运输业中一般是不存在销售费用的，因为运输生产过程就是其提供运输服务的过程，运输企业的生产成本就是其提供运输服务的成本。

二、交通运输成本的影响因素

影响单位运输成本的既有国家社会经济发展水平、交通基础设施建设水平、运输政策、运输技术等宏观因素，也有运输规模、运距、转载率等微观因素。下面主要分析运距和装载率：

（一）运距

由于各种运输方式的技术经济特点不同，因此每一种运输方式都有自己合理的经济运距范围。一般来说，航空运输与海洋运输最适合长距离运输，

---

[1] 韩新玲，赵磊. 关于交通运输成本的内涵与分析要点研究 [J]. 科技创新导报，2020，17（18）：222.

铁路和内河运输最适合中长距离运输，公路运输最适合短途运输。在经济合理的运距范围内，各种运输方式的平均吨公里、人公里的运输成本随着距离的延长而递远、递减。这是因为运输成本可分为线路成本和站点成本，按运输成本与距离的关系，运输作业中的发到作业与中转作业等站点成本与距离不发生关系。因此，随着距离的延长，分摊到每吨公里、人公里的发到作业、中转作业等站点成本减少，单位运输成本也随之降低。

  航空运输单位成本的下降主要来自两个方面：第一，随着飞行距离的延长，飞机起飞、滑行、上升、降落的时间在总飞行时间中的比重下降，所以与此相关的成本也在下降；第二，间接飞行成本中的售票、订票、行李服务费等与距离无关的费用随着飞行距离的延长，分摊到每吨公里、人公里的货物、旅客的费用下降。在水路运输中，航程越远，单位成本所分摊的装卸费用、中转费用、港口使用费，以及折旧费、保险费、借贷利息等也都会随之下降，只是燃料费用随航程延长而等距离增加，因而距离越长，水运的经济性也就越好。铁路运输也有类似的情况，但公路运输稍有例外。

  即使在同一种运输方式内部，由于运输设备的大小和性能不同，它们也有自己合理的运距范围。在一定的距离范围内，延长运距可降低成本，但超过合理的运距范围，延长运距反而要增大成本。因此，不仅每一种运输方式，而且每一种具体的运输生产过程，都有一个运输工具的规模与运距合理搭配的问题。比如，飞机、汽车、船舶的大小，管道直径的粗细，以及火车机车牵引力的大小与其经济运距的关系是在这些运输设备设计和制造时就已经考虑到的，因而其经济性与其运行距离有直接关系。

（二）装载率

  装载率也称装载系数，即实际装载吨与定额装载吨、实际载客量与定额载客量的比例，它对运输成本有极大的影响。各种运输方式下的运输设备，其运行成本的高低，都与装载率有密切的关系，其中船舶、汽车、飞机的装载率对运输成本的影响最为明显。一般情况下，在额定的装载量范围内随着装载量的增加，单位运输成本会下降，这是因为无论是船舶、汽车还是飞机，从半载到满载的总成本并不会增加很多，因为设备磨损并无差别，况且作为营运成本中的人工费和维修费几乎不变，虽然燃料费会有所增加，但由于运输设备自重的影响，燃料费并非等比增加，所以平均成本是装载系数的函数，它随着装载系数的提高而下降。

正因如此，运输企业要提高经济效益，应尽可能让运输设备满载运行。如水运中要对船舶进行合理配载，以便充分利用舱容和载重力，避免因亏舱而造成成本上升。在铁路运输中，运输设备的满载运行除了使车辆的容积和载重力充分利用之外，还有机车牵引力与实际载重量不一致，必然会使运输成本上升，企业效益下降。管道运输装载系数的提高更重要的是保证经常有适合运输的货物运送，虽然这在实践中比其他运输方式更难以做到。

第二节 交通运输产品的定价

一、交通运输产品的定价目标

政府和企业是运输定价的主体，在社会主义市场经济条件下，都有一定的定价权限或能力。所谓交通运输业的定价目标，是指运输企业或政府部门通过制定运价要达到的目的。

利润目标是运输企业定价的主要目标之一。运输企业在市场经济环境下，追求盈利是其生存和发展的重要目标。运输企业通过定价来获得足够的收益，以保证企业运营和发展所需的资金和利润。在实际操作中，运输企业会参考市场需求、竞争状况、成本结构等因素，制定适当的运价，以实现盈利目标。市场目标是指运输企业在市场竞争中追求的目标。通过制定适当的运价，运输企业可以占有一定的市场份额，提高企业的知名度和竞争力，扩大企业的规模和市场地位，增加企业的收益。信誉目标是指运输企业在定价过程中要考虑自身形象和声誉的目标。运输企业通过提供高质量、高效率的运输服务，以及公平、合理的定价，赢得消费者和社会的信任和好评，进而提高企业形象和声誉。政府的定价目标则不仅仅是追求企业的利润，而且还包括社会目标和长远目标。社会目标是指政府希望通过定价来保证人民出行的基本权利和利益，同时满足社会经济发展的需要。政府在制定运输运价时，需要考虑到价格对消费者的影响，尽可能降低人民的出行成本，保障人民的出行权益。长远目标则是指政府在制定运输运价时，需要考虑到长远的经济、社会和环境发展目标。政府需要从宏观层面出发，考虑运输运价对全社会的影响，同时也要充分考虑环境保护等问题，实现经济、社会和环境的可持续发展。政府定价的长远目标也包括促进运输业的技术进步和提升运输服务的质量水平等。

政府的定价目标还包括稳定宏观经济、对经济运行进行调控等。通过运输价格政策，政府可以控制物价水平，保持经济的稳定，推动经济的发展。在实践中，由于政府和企业定价目标的差异、不同的市场竞争环境、经济周期的波动等因素的影响，政府和企业的定价目标有时会出现矛盾。这时，企业应该服从政府的定价目标，优先考虑社会和国家的需求和利益，履行国有企业的社会责任，为保障国家的经济发展和社会稳定做出贡献。同时，政府也应该在制定运输价格政策时，充分考虑企业的经营状况和发展需求，确保企业的正常运营和发展。政府的定价目标主要是用于运输市场管理，包括反垄断和反不正当竞争等。在运输市场中，如果出现垄断和不正当竞争，则会导致运输价格虚高，损害消费者利益，甚至影响国家经济的正当发展。因此，政府需要制定合理的运输价格政策，限制垄断和不正常竞争，以保障市场的公平竞争和消费者的权益。

二、交通运输产品的定价程序

与所有经济组织的行为一样，企业价格行为是一种动态的过程，其动态性表现在：企业价格行为在空间上是衔接的，在时间上是连续的。因此，从这个角度看，企业价格行为就包含着某种内在的程序，尽管这种程序并不一定是持久的、永恒的。完整而科学的企业定价程序，由以下几个方面组成：

（一）确定企业定价目标

企业定价目标作为企业价格行为的行动指南，对企业定价及企业经营具有深远的影响。

第一，企业定价目标直接决定企业价格行为取向。企业定价目标是企业制定价格策略和价格行为的指导原则，直接决定企业价格行为的取向。不同的定价目标会导致企业采取不同的价格行为。例如，如果企业的定价目标是追求最大利润，那么企业会采取高价策略来获取更多的收益；如果企业的定价目标是追求市场份额，那么企业会采取低价策略来吸引更多的消费者；如果企业的定价目标是追求长期发展，那么企业会采取中等价格策略来维持利润和市场份额的平衡。因此，企业必须在制定价格策略和价格行为时，充分考虑自身的定价目标，从而避免出现定价行为失误或徒劳。例如，如果企业在追求利润最大化的同时，忽略了市场需求和竞争状况，采取了过高的价格策略，那么可能会导致市场份额下降、利润减少甚至亏损；如果企业在追求市场份额的同时，忽略了成本和利润，采取了过低的价格策略，那么可能会导致利润严重缩水、生产能力下降等问题。

第二，企业定价目标直接影响企业的经营发展。企业定价目标必须与企业总体经营目标相衔接，这是因为定价目标对于企业的经营发展和成效具有重要的作用。企业总体经营目标是指企业在一定时期内所要实现的经济目标，如盈利、市场占有率、销售额等。而定价目标则是指企业在市场上所要实现的价格目标，如要获取更高的利润、保持市场份额等。如果企业的定价目标与总体经营目标不相符，则企业可能会出现盈利不佳、市场份额下降等问题，从而影响企业的经营发展。例如，如果一个企业的总体经营目标是追求高盈利，但是它的定价目标却是追求市场份额，那么它可能会选择过低的价格来吸引更多的消费者，这会导致企业利润下降，进而影响企业的经营发展。同样的，如果一个企业的总体经营目标是追求市场份额，但是它的定价目标却是追求高利润，那么它可能会选择过高的价格，从而失去部分消费者，影响企业的市场份额和竞争力。

（二）确认基本状况，进行合理预期

第一，确认基本状况。确认基本状况是企业定价的重要环节，是定价决策的前提和基础。企业在确认基本状况时，需要对企业的经营状况进行全面深入的分析和评估，包括生产能力、产品品质、市场竞争力、营销策略等方面的情况。同时，也需要对企业的人员素质、管理水平等进行评估，了解员工的素质和潜力，以及企业的内部管理和运作情况。在确认基本状况的过程中，还需要对企业的价格策略和定价方法进行评估。企业需要了解当前的价格水平和市场需求，评估自身的产品特点和竞争力，确定现状和要达到的价格目标之间的差距。同时，还需要评估已经采用的价格策略和定价方法的运用效果，以及其对企业经营状况的影响。通过确认基本状况，企业可以清晰地了解自身的实际情况，更准确地制定价格目标和定价策略，从而为企业的发展提供基础和保障。

第二，进行合理预期。进行合理预期需要考虑市场竞争、消费者需求、成本变化、政策法规等因素对运价的影响。企业需要了解市场上同类产品的运价水平和市场份额，以及消费者对于产品的需求弹性和消费能力等情况。同时，还需要预测成本的变化趋势，包括人工成本、材料成本、燃料成本等。

政策法规的变化也会对运价产生影响，企业需要了解相关政策的最新情况，以便及时调整定价策略。在进行合理预期的过程中，还需要综合考虑运输企业的定价目标，确定预期的目标和要达到目标的具体途径。同时，还需要进行风险评估，确定预期是否存在风险，并制定相应的风险应对措施，以确保企业能够实现定价目标。

（三）形成并确定价格方案

定价方案是企业为实现其定价目标而采取的具体方式方法，它是企业经营策略，企业价格策略、技巧和企业定价方法的综合体现。在确定定价方案时，需要考虑多方面的因素，如企业的定价目标、市场需求、竞争状况、成本和盈利目标等。定价方案应该能够满足市场需求，保证企业获得合理的利润，并制定与竞争对手形成有竞争力的价格。定价方案的核心是定价策略。不同的定价策略适用于不同的市场环境和竞争状况。常见的定价策略包括成本加成法、市场定价法、竞争定价法、差别定价法、促销定价法等。除了定价策略，企业还需要选择适合自己的计价公式、价格技巧和计算价格水平的方法。比如，计价公式可以采用单价法、总价法或加权平均法等；价格技巧可以采用渐进定价、差异定价、弹性定价等；计算价格水平时可以采用平均成本法、边际成本法等方法。在选择定价方案时，企业需要综合考虑各种因素，权衡利弊得失。企业的定价方案不仅要适应市场需求，还要符合企业的定价目标，并与竞争对手形成有竞争力的价格。同时，企业还需要考虑价格的长期稳定性和灵活性，避免价格过高或过低对企业经营带来的负面影响。

确定定价方案的第一步是提出备选方案。企业需要制定出两种以上的备选方案，以便在不同的方案中进行比较和选择。备选方案通常应包括不同的价格水平、定价策略和市场定位等方面的选择。在确定备选方案时，企业需要考虑多种因素，如市场需求、竞争格局、成本结构、营销策略等，以制定出具有一定可行性的方案。企业还需要对备选方案进行量化分析，评估其经济效益和风险，并对可能存在的不确定因素进行风险评估和控制。

确定备选方案后，企业需要进行比较和选择，以确定最终定价方案。在选择时，企业需要权衡不同备选方案之间的优缺点，综合考虑市场需求、竞争格局、成本结构、营销策略、风险控制等多方面因素，并最终确定最佳的定价方案。在选择最终定价方案时，企业还需要进行方案的实施和监控，及时调整方案，以保证企业能够实现定价目标，并获得经济效益。

（四）执行并反馈价格决策方案

选定价格方案后，即进入了执行及反馈价格方案效果的阶段。在执行定价方案的过程中，可能会出现一些新的因素，如市场竞争的加剧、市场需求的变化、供应链的不稳定等，这些因素可能会对定价方案的实现产生影响。因此，执行者需要具备灵活性和应变力，能够及时对定价方案进行调整和改进，以适应市场的变化。此外，为了保证方案的实现，还需要采取一些必要的措施，例如建立有效的定价监控机制，及时掌握市场动态和竞争情况，以便及时调整价格方案；加强与供应商和客户的沟通，了解他们的需求和反馈意见，以便及时调整定价策略；同时也需要加强内部管理，确保企业内部各部门之间的协调和合作，以便保证定价方案的顺利执行。在执行定价方案的过程中，还需要对方案的实施效果进行反馈和评估。通过对实施效果的分析和评估，可以发现方案存在的问题和不足之处，及时进行改进和调整，以提高方案的实施效果。

方案执行后，要检查执行效果，并进行反馈，以判断方案的最终效果。执行后的检查和反馈是一个重要的环节，能够帮助企业及时发现并纠正问题，同时也能够为下一轮的价格制定提供经验和依据。具体来说，需要从以下方面进行检查和反馈：

（1）检查方案执行的效果。需要对执行的效果进行全面的、客观的评估，对方案的实施效果进行检查，包括利润的增加、市场份额的变化、客户反馈等。

（2）分析差异原因。对方案执行效果与预期目标之间的差异进行分析，并找出原因。原因是方案设计存在缺陷，还是执行者出现了偏差或误解，或者是外部环境发生了变化等。

（3）提出改进措施。根据分析结果，提出改进方案和措施，包括调整方案的执行策略、完善执行流程和标准、加强对执行人员的培训和指导等。

（4）反馈效果。将改进措施付诸实践，并对实施后的效果进行反馈，及时调整和优化方案。

第三节 交通运输市场运行机制

一、交通运输市场的特点

（一）非固定性

运输市场和其他工农业产品市场不同，没有固定的区域和场所售卖商品。运输市场的产品都是无形的，很难形成固定的运输交换场所。从一开始，运输活动就是一种诺成合同，换言之，运输活动的契约保证是运输合同及货票等，在运输生产的过程中，一定会经过时间、空间的延伸，只有整个运输生产过程结束，才能实现货物位移和客人运输，才能实现运输劳务的价值。市场交换的过程并不会受到时间和空间的影响，市场交换的广泛性、区域性较强。比如，公共运输市场主要包含站点和线路，公路运输市场的生产实质和交换本质是实现线路流通。公路客货运输的过程中，虽然设有起始点，每一个站点都会有旅客上下和货物装卸，但是，这些只是市场交换活动的组成部分，如果没有线路，则运输劳务交换也会中止，因此，公路运输市场的非固定性很强。此外，非固定性较强的还有铁路运输市场、航空运输市场等。

（二）运输需求的多样性

运输企业服务于社会、组织或个人的主要形式是运输劳务。值得一提的是，运输需求者不同，他们的需求习惯和经济条件等都不同，因此，这些差异性会对运输劳务和运输活动提出个性化要求，进而呈现出运输需求的多样性。具体而言，运输需求的多样性主要体现在以下方面：第一，时间要求，换言之，旅客或货物必须在固定时间内到达目的地；第二，方便性要求，即运输过程方便乘车，方便运输和提取货物，容易识别不同的旅行标识，提供便利的购票服务，运输服务周全等；第三，经济性要求，即满足运输需求的同时，运输的费用也要合理；第四，舒适性要求，这一点主要针对旅客运输，通常情况下，旅客要求乘坐舒适的运输工具；第五，安全性要求，即必须保证旅客和货物的安全性。

(三)运输供给的不均衡性

市场管理的最终目标是实现市场供求关系的均衡发展,在一定程度上,价值规律可以调和市场的供求关系和供求矛盾,所以,相关部门应该在调和供求关系的基础上保持质量和种类均衡。

运输市场具有特殊性。在运输市场中,运输需求呈现出多样性特征,运输供给关系呈分散性,运输业呈现出"超前发展"的态势,因此,运输市场应该储备一定的运输能力,由此适应市场经济发展的需求。另外,运输市场无法实现完全均衡,但是,可以通过调节机制发挥自身能力。运输市场具有敏感的价值规律,可以实现自我调节和自动反馈,还可以让运输市场保持平稳的供求关系。在运输市场上,不均衡的供求关系主要体现为以下三点:首先,当前的交通运输并不能全面满足社会发展需求和国民经济发展需求,根据相关数据可知,交通运输供不应求;其次,从供求关系的角度来看,运输方式存在较大的差异性;最后,公路运输市场存在不规范竞争。目前,不管是在节假日,还是旅游旺季,公路运输都会出现供不应求的情况。出现这种情况的主要原因是客流、货流分布不均,并且,运输流通的波动较大。

二、交通运输市场的地位与功能

(一)运输市场的地位

市场体系包括商品市场、金融市场、劳动力市场、技术市场、信息市场、房地产市场、运输市场等,其中商品市场、金融市场、劳动力市场是市场体系的三大支柱。运输市场是派生市场,因为运输需求是派生性需求。然而,它一经形成就具备了基础市场的地位,给商品市场以巨大的反作用。因此,从动态的角度,即市场体系形成的先后顺序来看,运输市场是派生市场,尤其是商品市场的派生市场;而从静态的角度来看,它就是基础性市场。

从市场体系的总体构成来看,商品市场、劳动力市场这两大支柱都要建立在运输市场的基础之上。这是由于货币是商品流通的媒介,而运输则是商品流通的载体,没有货运市场的最终形成,商品市场的形成和完善是不可思议的;劳动力市场形成的前提条件就是劳动力的自由流动,而劳动力的自由流动也必然依赖发达的客运市场。因而同运输业作为整个国民经济的基础产业一样,运输市场在整个社会主义市场体系中也具有基础市场的地位,市场经济发展的水平越高,运输市场的基础性地位就越重要。

(二)运输市场的功能

1. 信息传递功能

市场信息的发布和传递是市场运转的基础。在运输市场中,信息是非常重要的资源,它们帮助供需双方了解市场条件、竞争对手、市场趋势等重要信息。对于运输企业而言,发布自己的产品和价格信息可以使潜在客户了解到自己的产品和服务,提高品牌知名度,促进销售;对于运输需求者而言,获取运输企业的产品和价格信息可以帮助他们更好地了解市场状况,选择最适合自己需求的运输企业和服务。市场信息传递的主要方式包括口头、书面和电子等方式。在口头传递方面,市场中介机构和销售人员可以通过谈判、电话和会面等方式与运输需求者沟通,将运输企业的产品和价格信息传递给他们。书面传递则包括宣传单、广告、目录和报价单等传统媒介,以及现代的电子媒介,如电子邮件、网站和社交媒体等。在市场中,运输企业和运输需求者还可以利用信息技术平台,如物流信息管理系统、运输平台和电商平台等,发布和获取更为准确、及时和全面的信息。这些信息技术平台可以整合运输产品和价格信息、交易记录、订单信息和库存信息等数据,实现信息共享和协同,提高市场信息的透明度和效率。在运输市场中,信息的发布和传递可以促进市场的有效运作,增强市场竞争,提高市场效率。但同时也需要注意信息的真实性和准确性,避免虚假信息的误导和扰乱市场秩序。

运输市场中的信息是市场运作的核心和灵魂,是市场各种功能的基础。在运输市场中,信息主要涉及运输产品和价格信息、交易者信息、交易量信息及运输需求信息等。首先,运输产品和价格信息是运输市场中最为基本的信息。这些信息由运输生产者在市场中发布,包括运输产品的类型、品质、数量、运输范围及对应的价格等,同时还包括运输服务的质量、时间等方面的信息。其次,交易者信息也是运输市场中的重要信息。交易者信息包括运输生产者和需求者的信息,如他们的经营状况、信誉度、资金实力等。再次,交易量信息是市场中的另一个重要信息。交易量信息是指运输产品在市场上的交易量,包括历史交易量和预期交易量等,这些信息能够反映市场供求关系、市场的动态变化等。最后,运输需求信息是运输市场中的关键信息之一。需求者发布需求信息,包括运输品种、运输量、运输时间、目的地、价格等,这些信息被运输生产者获取后,通过对信息进行分析和比较,制定适当的运输方案,从而满足需求者的需求。

信息的输入、传递和使用是运输市场运作的基础。运输生产者通过发布产品和价格信息，吸引需求者的关注，需求者通过搜寻和比较信息，选择合适的运输产品和服务，进而进行交易。市场中介机构则通过收集、整理和发布信息，提高市场信息的透明度，促进市场的公正竞争。运输市场中信息的完整流动过程，实现了供求双方的互动，推动了市场的发展和繁荣。

2. 资源配置及优化功能

运输市场中的价格是由市场的供求关系决定的，当市场需求量大于供给量时，价格上升，运输经营者的收益增加，进而吸引更多的运输资源流入市场，增加运输供给；反之亦然。这种供求关系会在市场价格调节下逐渐趋于平衡状态。在这个过程中，运输资源将会根据市场价格的变化而流入或流出运输行业，这种资源的流动不仅涉及货运量的变化，还涉及运输企业的数量、技术水平和服务质量等因素的变化。这种资源的流动会影响到市场中运输产品的供给和需求，从而影响市场价格的形成和变化。此外，市场的优胜劣汰机制会使竞争激烈的运输企业逐渐壮大，逐渐成为市场的主导者，占有更多的资源和市场份额。而竞争力较弱的运输企业则可能被淘汰出市场。这种机制会导致市场上出现少数的优势运输企业形成垄断或寡头市场，但也能保证市场的有效运转和资源的优化配置。

3. 结构调整和产品开发功能

运输生产者在市场竞争中，为了获得更高的收益和竞争优势，需要降低生产成本，提高效率和质量。这时，他们会积极采用新技术和新材料，提高运输设备、工具的效能和品质，改进生产工艺和方法，以达到降低成本和提高产出效率的目的。此外，运输生产者还需要了解市场需求，把握市场变化趋势，发挥其在市场中的特长和优势，实现最佳的产品组合和供给方案。通过持续的创新和技术进步，运输生产者可以提高其在市场中的竞争力，实现更高的市场份额和更高的收益。同时，市场竞争也可以促进运输生产者优胜劣汰，淘汰效益低下的企业，提高行业整体的水平。

随着整体运输市场结构的变化，价格竞争日益激烈，生产者需要不断提高自身的价格竞争力，以吸引更多的消费者。在这样的背景下，价格较低的产品通常更受消费者的欢迎，因此，有价格竞争力的产品会在市场上迅速扩大其占有率，并加快产品的推广和销售。然而，由于价格过低，生产者的利润会相应减少，因此，这种扩大市场份额的策略往往难以持续，产品的生命周期也会相应缩短。此外，随着整体运输市场结构的变化，工农业产品的运输和流通成本也发生了变化。在竞争日益激烈的市场环境中，运输生产者需要尽可能地降低运输成本，以获得更大的利润。而随着技术的不断进步和生产效率的提高，运输成本得以不断降低，使得产品的运输和流通成本也相应减少。

4. 分配和监督功能

市场的信息交换和竞争机制，使得运输供给者在竞争中不断提升运输产品质量和服务水平，满足消费者的需求，同时降低生产成本，提高市场竞争力。消费者则通过市场比较，选择优质、价格合理的运输产品，获得满意的运输服务，同时市场监督机制也使得运输供给者不敢忽视消费者需求和滥用垄断地位，从而保证市场健康有序发展。市场竞争机制的存在，也使得运输生产者和需求者在市场中更容易找到合适的配对方，以实现资源的最优配置和市场的高效运行。市场的信息交换和价格竞争也可以促进行业的技术进步和资源的优化配置，从而提高社会生产力和资源的利用效率。因此，市场的监督和竞争机制对于运输市场的稳定发展和社会经济的进步具有重要意义。

三、交通运输市场结构

运输市场作为一个开放的经济系统，由运输供给方和运输需求方构成。运输供给方是指提供运输产品或服务的运输生产者，包括运输公司、货主、物流企业等；运输需求方则是指需要运输产品或服务的消费者，包括各类企事业单位、个人等。

在运输市场中，运输供给方提供运输产品或服务，以期获得经济收益和报酬，而运输需求方则通过支付费用获取所需的运输产品或服务，以满足其生产和生活的需要，享受消费的效用或获得其他市场中的交换资源。通过市场中不断的信息交换，运输产品消费者不断地比较和选择，从而使市场需求逐渐趋于理性和高效。在这个过程中，供需双方不断地通过价格和其他条件来进行博弈和交流，从而形成市场价格。当运输市场价格高于成本时，会吸引更多的运输供给方进入市场，提高供给量，价格逐渐下降；反之，价格低于成本时，运输供给方退出市场，供给量减少，价格逐渐上升。通过市场价格的变动，市场可以实现自我调节和监督的功能，使市场资源得以最优化配置，从而推动经济的发展和繁荣。

(一)运输市场主体

运输市场主体是指发出运输市场行为的个人或单位,也指在运输市场中发生市场交换关系的当事人。组成运输市场基本要素的是运输市场中的决策主体和运行主体。当前,社会市场经济发展迅猛,运输市场的规模也在不断扩大,由此,运输市场主体的依赖性和联系性也不断加强。运输市场主体主要包含三大部分,即运输供给主体、运输需求主体及运输中介服务主体。其中,运输供给主体指可以提供运输劳务服务的单位,如个体运输户、汽车运输企业、航空公司和铁路局等。运输供给主体以获得经济利益为基础,为消费主体提供运输劳务。如果运输单位缺乏独立的经济利益,那么这类企业的市场行为必定是不合理、不正当的。

(二)运输市场客体

运输市场客体是运输市场主体发生交换关系和经济关系的媒介物和物质载体。通常情况下,运输市场主体的经济关系和交换关系隐藏在市场客体运行中,主要通过运输市场客体的运动体现,因此,愿意承担运输市场物质条件的交易双方就是形成市场经济关系的媒介,并且,运输市场的劳务属性是运输市场客体结构的重要依据。运输劳务的质量特征可以充分反映运输劳务的自然属性,比如,在运输过程中的舒适性、安全性和经济性等,但是,从质量特性的角度来看,运输方式不同,提供的运输劳务也存在差异性,与此对应的是,可以根据提供服务的方式将运输劳务分成铁路运输劳务、航空运输劳务、内河水运劳务及汽车运输劳务等。不同的运输劳务之间相互替代和影响,它们是紧密联系的,运输市场客体结构的主要内容也依据它们的关系而形成。

运输劳务属性的差异性不但表现在运输服务对象的差异性上,而且表现在运输劳务提供方式、运输工具与基础设施等方面。除此之外,运输需求具有多样性,也正是这种多样性,导致运输劳务属性的差异性形成。旅客和货主不同,运输要求和运输需求也不同。具体而言,他们的需求差异性主要表现在时间需求不同、方便程度不同、付费条件不同等。此外,此种差异性也从另一个方面组成了运输市场的主要内容。

(三)运输市场空间结构

运输市场空间指运输市场主体可以支配的空间地域范围,这一范围主要针对运输市场客体运动,另外,运输市场空间结构指在地域空间上,运输市场各因素的内在联系和分布情况。不同的运输方式具备不同特点，它们在基础设施和技术运用等方面存在差异性。其中，呈线状分布状态的包括铁路运输、海上班轮运输和航空运输等，呈网状分布状态的则是公路汽车运输。运输市场受到行政区划、经济区划等因素影响，可以分为地方经济性运输市场、地方行政性运输市场和国际运输市场等。运输市场的空间状况可以充分反映出市场客体空间运动的外延性，其中，空间范围运输市场管理部门的开放程度和政府运输业开放程度直接影响市场客体空间运动的外延性大小。

四、交通运输市场的运行机制

交通运输市场的运行机制需要通过市场机制实现，交通运输市场对资源的配置作用主要取决于运输市场机制的功能性和全面性。

运输市场机制指运输市场体系中各要素、各组成部分之间的因果关系和运转形式，另外，在市场体系中，不同要素和组成部分之间是相互联系、相互制约的。组成运输市场体系的是各类运输市场和市场结构，但值得注意的是，这些市场是杂乱无章、自成体系的，它们可以分为主要部分和次要部分，主要部分和次要部分之间存在一定的联系，所以，运输市场是相互作用、相互影响和相互联系的有机整体。在相互作用和联系的背后存在一种潜在机制，即运输市场运行机制。

（一）运输市场机制的内容

1. 运输市场中的价格机制

在运输市场中，价格机制属于动力机制，不仅可以调节需求，还可以调节供给。从运输服务经营者的角度来看，运输价格上涨，意味着运输服务经营者可以在运输劳务中获得更大利益，由此刺激经营者的运营积极性。此外，运输价格上涨还意味着消费者的实际利益变少，所以，在这个过程中，消费者的需求会减少。与此相反，如果运输价格下降，则运输业经营者的可获利润将会减少，经营者的经营积极性也会受到影响；而消费者的需求会随着价格下降逐渐增加。所以，价格机制对利益分配的影响显而易见，对运输经营者和运输消费者来说，运输市场价格变动会直接影响他们的经济利益。随着运输市场价格的变动，两者都会根据运输市场价格调整自己的运输规模和消费行为，进而保障自身合理的价格利益和减少不必要的损失。

运价机制发挥作用是指运价机制完成运行过程。总体来说，运价机制的运行主要分为两个方面：从纵向角度来看，运行构成运输价格的比价体系就是在运输领域中，不同运输方式的价格的比例；从横向角度来看，运行形成运输领域的差价体系是在运输市场中，因为环节不同、地区不同、质量不同等因素形成的运输方式或运输路线的价格的比值。运价机制的总体运行统一了横向运价机制和纵向运价机制，一个完整、统一的运价体系离不开运输业比价体系、差价体系的有效统一。

2. 运输市场中的供求机制

（1）供求影响着价格。在运输市场中，供求关系是决定价格的基本因素。如果市场上某种运输服务的需求量大于供给量，那么该运输服务的价格就会上涨。因为需求量大于供给量，运输供给者就有了更多的议价能力，他们可以抬高价格以获取更多的利润。反之，如果市场上某种运输服务的供给量大于需求量，那么该运输服务的价格就会下跌。因为供给量大于需求量，运输需求者就有更多的选择，运输供给者就必须降低价格来吸引需求者。这种供求关系会对市场价格产生影响，进而影响运输市场的整体运转。当供给增加时，价格就会下跌，这会促使更多的需求者进入市场，从而推动市场的供需平衡。而当需求增加时，价格就会上涨，这会激励更多的供给者进入市场，从而缓解市场供需不平衡的状况。

（2）价格也会影响供求。需求按照和价格相反的方向变化，对运输市场来说，如果运输价格上涨，运输需求就减少；运输价格下跌，需求则增加。运输需求与运价间这种反向运动的变化关系，在运输经济学中称为需求规律。运输供给的变动则是另外一种情况，它按照和价格相同的方向变化，价格上涨则供给增加，价格下跌则供给减少。运输供给量与运输价格的这种同向变化的依存关系，被运输经济学称为供给规律。

（3）从动态上看，由于价格与需求的作用，运输市场上出现的供求平衡情况是偶然的，而不平衡则是经常的。

在运输市场的运行中，运输供给与需求平衡时的那个运输价格就是价值规律所要求的、由价值所决定的运输价格，也就是西方经济学中所讲的均衡价格。虽然运输价格与运输供给处于经常变动之中，但运输供求平衡、价格与价值一致是一种必然的趋势。在运输市场中，这种供求与价格之间的相互作用使运输供求趋向平衡、价格和价值趋向一致的过程，正是价值规律的作用与要求得到贯彻和实现的过程。假如没有运输价格的变动，就不会有供求的趋向一致，同样，如果没有运输供求关系的变化，运输价格和价值就不会趋向一致，也就谈不上价值规律的作用与要求如何得到贯彻和实现。因此，运输价格机制与运输供求机制是两个相互联系、相互作用、共同推动运输市场运行的重要机制。

3. 运输市场中的竞争机制

竞争机制是指运输市场上运输服务的提供者、运输代理者或中介人、运输服务的消费者们为追求或维护自身利益而进行角逐的攻防机制。竞争是市场经济的产物，只要存在商品生产和市场交换就必然存在竞争。商品经济和市场经济的基本规律——价值规律，也要通过商品生产者之间的竞争得到贯彻并加以实现，这对运输市场来说也不例外。因此，运输竞争机制也是运输市场运行的内在机制。在社会主义运输市场中，由竞争机制所引发的竞争主要包括以下类型：

（1）运输业者之间的竞争。运输市场上的同一种运输服务，有许多不同的运输业者同时来提供，他们都想把自己的运输服务通过理想的运价，尽快地卖出去，以获得相应的物质利益。因此，他们之间必然存在着竞争。这种竞争在服务质量相同的条件下，主要是价格的竞争。但是，除了运输价格竞争以外，运输业者之间也进行非价格竞争。在非价格竞争中，运输经营者常常在三个方面做出努力：第一，增强运输供给的适应性；第二，努力提高运输服务质量，保证旅客和货物的安全和完好无损，提高旅行的舒适程度等；第三，在现有的技术条件下尽可能提高运送速度，以便吸引更多的货物和旅客。

（2）运输服务的消费者之间的竞争，即旅客或货主之间的竞争。在运输市场上，如果某种运输服务供不应求，即需求量大于供给量，运输企业拥有议价能力，形成了卖方市场，那么运输服务的消费者之间会出现激烈的竞争，他们会为了获得所需的运输服务而提高自己的出价，从而在市场上与其他需求者展开竞争。在这种情况下，运输服务的消费者之间的竞争将导致价格的上涨，同时还可能导致服务质量的下降。因为在卖方市场中，运输企业会更多地考虑利润最大化，而不是提供高质量的服务，因为它们有充足的顾客资源。因此，如果运输市场上存在卖方市场，那么消费者之间的竞争就会对价格和服务质量产生负面影响。

（3）运输消费者与运输业者之间的竞争，主要表现为价格上的博弈。运输消费者总是期望获得价格更低、服务质量更好的运输服务，而运输业者则希望通过提供更好的服务质量和更佳的运输安排获得更高的价格。在市场上，运输消费者会对不同运输业者的价格进行比较，选择价格更合理的运输服务。而运输业者则会通过不断降低成本、提高效率、提供更优质的服务等方式来获得更多的市场份额和更高的价格。

在这种竞争中，运输业者的竞争力往往会受到多种因素的影响，如运输服务的品质、效率、安全、信誉等。同时，消费者对不同因素的关注程度也不同，有些消费者更注重价格，而有些则更注重服务质量等其他因素。因此，运输业者需要根据市场需求和消费者偏好，采取相应的策略，以提高产品的市场竞争力。

4. 运输市场中的风险机制

作为市场运行机制的风险机制，其基本内涵是经营风险。就运输业自身来说，其风险大小主要来自运输市场竞争，运输市场竞争的规模、激烈的程度和竞争的方式，决定风险的大小。竞争双方投入的竞争成本越大，竞争的规模越大，市场的风险也就越大；竞争的程度越是激烈，风险也就越大。如果双方都采取平和的、正常的、公开、公正与公平的竞争手段，就可以减少风险或避开风险；假如以不合理、不正常的甚至非法的手段进行竞争，则可能造成的风险系数更大，以至造成两败俱伤，也可能危及旅客、货主或社会。所以，运输市场上的竞争，必须采用正当的、合法的竞争手段，进行公开、公正与公平的竞争。就运输业与其他行业的风险程度大小相比而言，其资本密集型的特点，决定其风险要大于一般行业，因此对运输市场上的竞争进行有效的管理和控制，使之规范化，减少风险损失更显得必要。

（二）运输市场机制的特点

1. 客观性

运输市场机制的客观性是建立在市场自由竞争条件下的，也就是说，运输市场供求机制的作用必须是在市场自由竞争的前提下，由市场主体自主进行价格协商和交易。这样才能体现出供需关系所对应的真实价格，反映市场供求关系的变化。如果在运输市场中存在政府行政干预，如政府强制规定运输价格、限制运输企业的进入和退出等，则会扰乱市场自由竞争的机制，导致市场价格不能反映供求关系的变化，市场资源也不能得到最优的配置。因此，为了发挥运输市场机制的作用，必须坚持市场自由竞争的原则，保护市场主体的自主交易权利，避免政府行政干预，使市场价格能够反映真实的供求关系，从而实现资源的有效配置。

2. 内在性

运输市场机制是市场经济的基本机制之一，它是由市场供求关系、竞争关系、信息传递和风险分担等因素所决定的一种自发机制。这些因素相互作用，形成了价格机制、供求机制、竞争机制、风险机制等市场机制，从而构成了一个完整的运输市场体系。其中，价格机制是最基本的运输市场机制之一。价格是市场交换中最直接的衡量标准，也是市场供求关系的重要体现。在运输市场中，价格可以通过供求关系的变化自发形成，从而反映出运输服务的市场价值。供求机制是运输市场机制的另一重要方面。当运输需求量大于运输供给量时，运输价格就会上涨；当运输需求量小于运输供给量时，运输价格就会下跌。这种供求关系的自发调节，是运输市场机制正常运行的重要保证。

竞争机制也是运输市场机制的重要组成部分。在竞争的市场环境下，运输服务供应者之间会通过价格、服务质量、创新等多种方式来竞争，以获取更多的市场份额和利润。这种竞争，可以推动运输服务质量的提高，促进技术创新和成本降低，从而为消费者提供更好、更便宜、更多样化的运输服务。

此外，风险机制也是运输市场机制的一个重要方面。在运输市场中，各方面都面临着各种各样的风险，如交通拥堵、自然灾害、经济波动等。通过风险机制，市场参与者可以相互分担风险，减轻自身的损失。这种风险分担，可以有效地调节市场交换中的不确定性，保证运输市场机制的稳定和可持续发展。

3. 相互关联性

运输市场机制是一个完整的体系，其各个组成部分，如价格、供求、竞争、风险各机制之间，在各分类运输市场上发挥作用的个别机制之间，以及一般机制与个别机制之间都是相互关联、牵一发而动全身的。运输市场机制这种内在的关联性是客观存在的。如某种货物运价的上升会引起运输业者利润的增加，而利润的增加又可能引起投资的增加，从而导致供给的增加；而供给的增加又反过来引起运价的回落。某一运输方式所决定的运输市场上的运价变动，不仅会引起该运输市场的供求关系发生变动，而且会间接地影响相关运输市场的供求关系发生相应的变动。

第四章　物流管理分析

第一节　物流包装与装卸搬运管理

一、物流包装管理

作为物流系统的重要功能之一，包装与装卸搬运、运输、储存、流通加工、配送等物流功能之间的联系十分密切。包装既是生产的终点，又是物流的起点。在我们的日常生活中，人们对于包装这个功能的认识，更多是从营销的角度，强调包装的美观性，而忽略了包装在流通过程中所起到的物流作用。在这种观念下设计出来的包装，无疑会给物流带来诸多的不便，影响商品的顺利流通。因此，全面地认识包装的概念，对于帮助企业合理地设计产品包装，优化包装功能，提高物流系统的整体效率和效益有非常重要的作用。

"商品内包装和外包装的最基本功能都是为了保护商品在流通过程中不受损坏，但很多生产企业、销售企业和物流企业，由于环保意识缺乏或技术水平不够高等原因，往往会对商品进行过度包装，并使用会对环境造成污染的材料。"[1]

（一）包装的分类

1. 商业包装和工业包装

（1）商业包装是指为了促进产品销售而设计的包装，主要强调产品在陈列架上的卖点和吸引力。商业包装在设计上注重外观设计、包装形态和颜色协调等方面，目的是提高产品的视觉效果，增加产品的吸引力和美观程度，从而增加产品的销售量。商业包装不仅仅是保护产品的实际功能，更重要的是提升产品形象和品牌效应。

商业包装的单元相对于工业包装要小，更符合消费者的需求，因为消费者的购买行为往往是在店铺内完成的，而商业包装可以更好地展现产品的特点，使消费者更容易选择自己需要的产品。此外，商业包装还可以根据市场需求和消费者的反馈不断调整和改进，从而更好地满足消费者的需求。因此，在现代市场竞争中，商业包装越来越成为企业推广和营销的重要手段。

---

[1] 高思远. 绿色物流包装的应用策略研究［J］. 物流科技，2022，45（12）：24.

（2）工业包装的主要功能是保护物资，使之在运输、储存等过程中不受损坏。在物流过程中，物资需要通过多个环节的运输和装卸搬运，这些过程中很容易出现磕碰、摔落、挤压等损坏情况。而工业包装能够为物资提供坚固的外壳，起到保护作用，使其能够安全地到达目的地。此外，工业包装还具有方便物流、节约成本的功能。在物资储运过程中，需要将物资从一个地方转移到另一个地方，这需要各种不同的物流手段，如陆路运输、海运、航空运输等。而工业包装能够根据不同的物流手段和运输环节，提供相应的包装方案，使物资在运输中更方便快捷，并且可以减少运输成本和损耗。

2. 个包装、中包装和外包装

（1）个包装指一个商品对应一个销售单位的包装方式。个包装的特点是与商品直接接触，对商品包装起到保护、美化、宣传、促销的重要作用，个包装通常会和商品一起销售。

（2）中包装也可以称作内包装，属于小规模整体包装，是由若干个单体包装或商品组成。内包装可以保护商品，便于分拨、计数、使用及销售，属于一种内层包装，介于个包装和外包装之间。

（3）外包装可以称为大包装、运输包装，是商品最外层的包装。商品流通的过程中，外包装起着至关重要的作用，便于运输、储存和保护商品等。

3. 硬包装、软包装和半硬包装

（1）硬包装指取出包装内填充物和内装物之后，容器的形状不会发生变化，并且，商品的包装依旧材质坚硬。

（2）软包装指取出包装内填充物和内装物之后，容器的形状会发生改变，并且，商品包装材质松软。

（3）半硬包装是介于前两者之间的商品包装。

（二）包装的功能

1. 保护物资

在包装功能中，保护物资是最基本、最重要的一项内容。在物资流通的过程中，物资具有自身固有的特点，并且很有可能会受到外部环境的影响，进而影响用户的使用感和体验感。通常情况下，包装的保护功能主要包含以下内容：

（1）有效防止物资破损变形。在运输、装卸、存储物资的过程中，物资很容易受到外力影响,可能会出现挤压、震动和摩擦等状况,进而破损,导致变形,最终影响内部质量,影响用户的体验感。所以,在设计物资包装的过程中,企业应该充分考虑外力因素,强化包装强度,以减少不必要的损失。

(2)有效防止物资产生化学变化。受环境影响,物资可能会出现受潮、腐蚀和生锈变质等化学变化,因此,包装物资可以有效阻止有害气体、潮气和腐蚀物等,进而保障物资不受外部环境和不良因素的影响。

(3)有效防止有害生物影响物资。在包装物资的过程中,如果包装材料不佳、包装不严实,则很可能会让动物或微生物有机可乘。当包装容器中混入有害物时,很可能会侵蚀和污染物资,进而影响物资的质量和形状。此外,大多数情况下,物资受到有害生物的破坏都是不可逆转的,特别是食品物资。

(4)有效防止异物混入和污染物污染等。如果物资包装不良,则很容易出现异物混入的情况。在设计物资包装时,首要的目标是保障物资安全和减少物资损失。不同的物资具有不同的特点和需求,所以,在设计包装的过程中应该充分考虑诸多因素,如产品的重量、尺寸、形状和敏感性等。如果物资本身很容易受潮、腐蚀和变质,则物资包装应该采取有效措施减轻物资损坏。如果物资本身易燃易爆,物资包装则应该运用防火、防爆的特殊材料。同时,包装设计还需要充分考虑运输需求和存储需求,比如,物资包装必须耐摔和耐压等,只有这样,才能确保物资运输的安全性,减少不必要的物资损失。除此之外,物资包装还需要尽量减少包装空隙,节约物资的运输成本。所以,优秀的包装设计必须充分结合物流环境及应用需求,全面考量物资特征,运用最恰当的物资材料和保护技术,最有效地保护物资的内装物品,以便于存储和运输。

2. 方便物流

(1)方便储运。从方便储存的角度来看,包装的设计要考虑两个要素:①有利于保护物资在储存期间的使用价值;②有利于提高物品在存取、验收、盘点、堆码、货架陈列、移动等仓储作业中的效率,减少包装物的空间占用,并为保管工作提供保障和便利。从方便运输的角度来看,包装的规格、尺寸、形状、重量、标志应该充分地考虑运输工具的适用性,结合载货空间的利用率和装卸货的先后顺序,尽可能地做到方便运输、提高运输效率。

(2)便于装卸和搬运。在整个物流运输过程中,装卸搬运必不可少,另外,物资包装和物资的运输效率密不可分。运用不同的包装材料和包装容器,包装重量、包装形态和包装体积也不同,并且,装卸搬运形式及作业工具也存在差异性。近几年,标准化的包装尺寸和包装规格不断普及,随之发展起来的还有集装化包装,此种包装方式为物资装卸机械化和搬运机械化带来了便利。

(3)便于处理。便于处理是指在选择包装材料时,企业应该充分考虑使用包装之后可能存在的问题及处理方法,具体包含回收、再生和重复使用物品包装等。在日常生活中,人们大量使用纸质材料、木质材料和玻璃材料的包装,这些包装材料都可以再回收利用,如此可以有效节约资源,保护环境,促进社会可持续发展。

（三）包装材料

包装实体最主要的组成部分是包装材料。当前,我国商品经济迅猛发展,市场对包装材料的需求量不断增加,需求样式不断更新,材料品质也不断提高。在商品买卖中,包装属于附加形式,对商品来说,包装至关重要。包装材料不同,商品的物理性质、化学性质也大不相同。因此,在使用包装材料之前,必须充分考虑包装材料的特性,只有这样,才能更好地利用包装材料,进而提升包装的实用效果。

1. 纸质物流包装材料

纸质物流包装材料按定量与厚度来区分,主要有纸(张)和纸板两大类,是最常用的包装材料之一。纸质物流包装材料的优点包括:造纸原料来源丰富,适合大规模机械化生产,成本低廉;保护性能优良,能够隔热、遮光、防尘,具有较好的缓冲性能;易于裁剪、钉接、折叠,便于形成功能、形状各异的纸箱、纸盒、纸袋等包装容器,可折叠储运,有利于节省空间和降低成本;便于印刷,能够美化商品,传递商品信息,促进销售;具有无毒、无味、无污染等特点,安全卫生;易于回收,可以再生造纸,绿色环保;复合加工性能好,可以和塑料、铝箔等其他包装材料复合,完善包装功能。

纸质物流包装材料本身也有明显的不足,如气密性、透明性、防潮性差,受潮后强度下降。

2. 塑料物流包装材料

(1)塑料物流包装材料的优点。塑料物流包装材料的优点主要包括:塑料质地轻,密度小,其密度约为钢的1/5,铝的1/2,与木材相近;物理机械性能优良,具有高强度、耐冲击、耐折叠、耐摩擦、防潮等性能;化学性能较为稳定,耐酸、耐碱、耐油脂、耐各类有机溶剂、耐锈蚀;易于加工成型，可以被制成各种形状的包装容器，且可采用机械化大规模生产；具有良好的透明性，易于着色，色彩艳丽持久，装饰性能好；电绝缘性能好，可与陶瓷、橡胶媲美；加工成本低。

（2）塑料物流包装材料的缺点。塑料物流包装材料的缺点主要包括：塑料易老化，塑料制品在阳光、空气、热及酸、碱、盐等环境介质的作用下，塑料分子结构产生递变，增塑剂等组分被挥发，化合键产生断裂，从而造成塑料制品机械性能变坏，甚至发生硬脆、破坏的现象；塑料防火性差，易燃，且塑料制品在燃烧时会产生烟雾及有毒气体；塑料的耐热性能差，在受热的情况下，塑料制品容易发生变形，甚至产生分解；塑料的刚度小，在长期重荷载的作用下，易变形。

3. 金属物流包装材料

金属物流包装材料的优势非常明显，具体包含以下四点：

（1）金属物流包装材料具有优良的阻隔性能，可以将气、水、油等阻隔在包装材料外，具有可靠的密封性。

（2）金属物流包装材料具有良好的机械性。金属包装材料的硬度和韧性强，不易变形。除此之外，金属包装材料还耐高温、耐温湿度、耐虫害等，便于商品存储和运输，有利于保护商品质量。

（3）金属物流包装材料具有较好的加工成型性，可以轧制成板材和箔材。此外，金属包装材料的复合性较强，可以和塑料、纸等材料一起使用，具有较高的机械性和自动性，便于大规模生产。

（4）金属物流包装材料的资源丰富、种类多样；金属废弃物属于可再生资源，可以回炉再造，因此，金属废弃物具有良好的处理性。

金属物流包装材料也有不足之处，即价格贵、化学稳定性差等。

（四）包装技术

在制作物流产品包装的过程中，应该采用恰当的方法，结合科学、合理的技术处理方式，由此形成质量高、成本低、效率高的有机整体，最终制作出综合性强的产品。当前，科学技术不断进步和发展，物流包装技术也在不断优化和完善。

1. 一般包装技术

一般包装技术应符合大部分产品的需求，可以适应不同商品的外部形态特征。因此，一般包装技术最需要解决的问题是正确选择内包装和外包装的形态、尺寸。

（1）合理放置、固定和加固内装物。如果是形状各异的产品，则最重要的是在装入包装容器时，正确、合理地置放、固定和加固内装物。这种做法可以节省材料成本，减少不必要的损失，还可以提升产品装载量。如果是外形规则的产品，则比较可行的包装方法是套装包装法；如果是薄弱的产品，就应该加固包装。

（2）体积压缩松泡产品。松泡产品质地疏松，本身具有空洞，挤压的时候会下陷。在现实生活中，比较常见的松泡产品是枕芯和羽绒服等。如果这些产品直接打包，则会占用很大体积，不方便装卸运输，还会增加运输和存储成本。所以，为了有效解决这一问题，人们常用真空包装方法包装这类产品，根据记载，真空包装方法可以节省15%~30%的费用，可以最大限度地压缩产品体积。

（3）选择合理的外包装形状和尺寸。大部分情况下，外包装主要流转在物流过程中，此外，外包装的尺寸各不相同，经常需要相互兼容。所以，在选择外包装形状和尺寸的过程中，应该运用包装模数系列，以实现包装模数的统一，便于不同外包装在物流作业中相互融合，便于产品储运、搬运和装卸等。除此之外，还可以充分利用箱容，不断提升产品的物流效率，这种方法的安全性较高。

（4）选择合理的内包装形状和尺寸。内包装的选择和外包装的选择一样，都需要遵循包装模数，并且，内包装的高度应该匹配外包装高度。同时，内包装的设计主要是为了销售包装，因此，在设计包装形状和尺寸的过程中，应该充分考虑产品销售的便捷性，如便携性、装饰性等。

2. 特殊包装技术

特殊包装技术是指从产品的根本属性和特征出发，为了防止产品变质和损坏而运用的特定的包装方法和包装技术。产品在流通的过程中总是会受到内部因素和外部因素的影响，如冲击、腐蚀和生锈等，这些内外部因素可能会让产品的质量发生改变，进而影响产品质量和产品使用性能。所以，在保护产品的过程中，可以运用一些特殊的包装技术和包装方法。

（1）真空包装。真空包装是指用气密性包装容器包装商品，将容器中的空气抽出，让容器内处于低氧状态，进而方便存储和搬运，此种包装方法常见于各类食品包装。除此之外，真空包装可以减少商品的氧化作用，抑制霉菌和好氧微生物的生长繁殖。一般情况下，真空包装有利于保存高脂肪、低水分食品，如谷物加工食品、豆类商品等，但是，并不适合水果，因为水果需要呼吸作用保持鲜活，如果高度缺氧，则水果会发生生理病害。所以，很少有水果使用真空包装。此外，真空包装也可以包装轻纺工业品，将包装容器中的空气抽空，可以缩小包装物体积，进而减少费用成本，防止霉变虫蛀。

（2）充气包装。充气包装是指用气密性包装容器包装商品，是将容器中原有的空气置换成惰性气体。充气包装法不仅可以降低氧气浓度，还可以有效抑制好氧微生物的代谢活动，可以抑制鲜活商品进行呼吸作用，进而起到保鲜、防霉和防腐的作用。除此之外，充气包装还可以有效防止金属包装容器发生瘪罐问题。

（3）防潮包装。防潮包装指运用高阻湿材料制成的包装容器，此种包装容器中也会用到一些防潮附加物，包括涂料和干燥剂等。防潮包装可以有效防止水蒸气进入，进而防止产品发霉、受潮，适用于潮湿的地区。防潮包装的具体方法包括以下五点：

①选择符合实际的防潮材料，严格密封容器口。在日常生活中，常用的防潮包装材料包括陶瓷、金属、防潮处理后的木材和纸制品等。

②包装造型结构的合理设计。对物品来说，包装结构至关重要。在日常生活中，设计包装造型机构应该尽可能将包装容器的底面积缩小。如果包装容器有尖端凸出的部位，则应该将这些部位改为圆角。

③预先对易吸潮的包装材料进行防潮处理。纸制品不具备良好的防潮性能，如果对纸制品进行防潮包装处理，就必须预先做好防潮处理。如蜡涂布，此种防潮做法是先将蜡熔化，将纸浸渍在蜡液中，防止纸制品防潮。

④合理添加防潮衬垫。如果包装容器容易受潮，就可以在包装容器中添加防潮材料，如牛皮纸、铝箔等材料，在添加防潮衬垫时，可以根据具体情况添加适量的防潮材料。

⑤在包装容器中添加干燥剂。在包装容器中添加适量的干燥剂可以吸收容器中残留的潮气，进而保持包装容器的干燥。一般情况下，普通物品想要达到一定的防潮效果，可以运用高阻湿性的防潮包装材料，但是，如果是高级商品或膨化食品，就需要在包装容器中添加干燥剂，进而保障商品质量。

（五）包装合理化与标准化

1. 包装合理化

合理也可以被称为适当。包装合理化指在包装产品的过程中运用合适的技术、材料，运用适当的包装结构，对包装造型进行精简设计，这样可以节省成本，进而制成符合实际的包装容器。包装合理化必须平衡好包装成本和包装完整性，不仅需要满足产品包装的功能性要求，即便于运输、销售和保护商品质量等，还需要在此基础上提升产品包装的经济性。

包装合理化有两层意义：一方面，包装总体的合理性，衡量合理化的主要依据是整体的物流效益和微观包装效益的统一；另一方面，合理整合、运用包装材料、技术和方式。

2. 物流包装标准化

包装标准化指在生产商品的过程中，统一规定包装制作的规格、尺寸、类型及材料等。同时，包装标准化需要对生产商品进行规范化管理，实现商品封口、商品衬垫和商品罐装等统一。

（1）包装标准化的内容。

首先，实现包装材料标准化。包装材料的类型主要包含塑料、木材、玻璃和金属等，并且，不同的包装材料，强度、耐破程度和水分等方面也不同。因此，包装材料标准化非常重要。另外，包装材料直接影响商品的包装质量，所以，在选择商品的包装材料时，应该尽可能根据实际，选择标准化材料，不用或少用不标准的包装材料，进而规范材料来源，以保障商品包装的质量稳定。当前，包装工业迅猛发展，越来越多的新材料出现，作为生产企业，应该时刻留意新材料的发展趋势和方向，并根据实际情况因地制宜。

其次，实现包装尺寸标准化。包装尺寸标准化指产品包装容器设计应该按照合适的尺寸和外形设计，进而适应产品外包装。除此之外，还应该依据外包装的尺寸选择合适的运输工具，统一规范和管理不同种类的包装容器的尺寸。如果货物使用公路卡车、船舶等工具运输，则应该使用标准化包装，以此提升产品的堆码效率，进而节省包装空间，进一步实现机械化、集装化及自动化物流作业。同时，普及标准化包装尺寸可以规范最佳包装尺寸系列，可以节约流通成本和包装成本，最终提升运输效率。

最后，实现包装工艺标准化。只要是需要内包装的商品（如纸箱和木桶等商品），在商品摆放的过程中，就必须按照规定摆放内装商品数量、顺序和排列方式等，这种规范性的做法可以加固商品，规范包装空间，提升包装空间利用率。比如，有效规范纸箱的材质、厚度和规格以及钉子距离和封口方式等。同时，如果是可回收利用的包装箱，则应该制定规范化的回收标准，确保商品的可利用率，提高商品价值。

（2）包装标准化的效用。

在现代化商品流通和生产的过程中，必不可少的条件是包装标准化，另外，包装标准化也是物流系统中不可或缺的一部分。制定商品包装标准可以科学、规范地管理包装行业，并且，实行包装标准化有利于促进现代企业和国民经济的积极发展。具体来说，包装标准化的作用包括以下四点：

首先，包装标准化可以提升包装管理水平，确保包装质量。包装标准中，明确规定了包装的材料、尺寸、管理和标志等。从企业的角度来看，设计生产技术活动和检验生产技术活动可以依据以上标准指导相关工作，因此，相关企业应该严格按照包装标准包装商品，进而保障企业具有较高的包装管理水平。除此之外，企业还应该根据标准检验产品包装，全面提升包装质量，减少包装损失。

其次，包装标准化可以实现机械化连续生产，可以有效缩短生产周期。新包装的生产需要经过一系列完整的过程，具体包括市场调研、产品设计、产品试验和生产准备等。各类产品包装实行包装标准化之后，都具备对应的标准化指标，包装标准化可以有效规范生产过程，可以缩短生产周期。同时，商品包装标准化适合大规模生产，此外，还有利于提升劳动生产率和降低生产成本。

再次，包装标准化可以确保商品的流通安全，方便识别和计数。在标准化包装中，标志图文和书写位置明确规定之后，方便相关工作人员管理和识别产品信息。同时，标准化包装中的产品重量和数量基本一致，有利于统计和盘点商品信息。大部分包装标准都来源于生产实践和生活实践，这些标准都经历了实践考验，可以有效保护产品安全，促进产品流通。

最后，包装标准化可以确保物流作业安全，可以提升物流效率。在制定包装标准的过程中，应该充分考虑物流系统的实际需求，进而制定出符合实际的包装标准和包装体系。如果产品的包装尺寸和包装规格一致，那么产品的运输和存储都比较方便，并且，在这个过程中，产品的物流损失也会降到最低，物流作业的效率会进一步提高。

二、装卸搬运管理

在物流过程中，装卸活动是不断出现和反复进行的，它的出现频率高于其他各项物流活动。每次装卸活动都要花费很长时间，所以它往往成为决定物流速度的关键因素。装卸活动所消耗的人力也很多，所以装卸费用在物流成本中所占的比重也较高。

（一）装卸搬运的特点

装卸是改变"物"的存放，支撑状态的活动，主要指物体上下方向的移动。搬运是改变"物"的空间位置的活动，主要指物体横向或斜向的移动。通常装卸和搬运是合在一起用的，主要具有以下特点：

1. 装卸搬运是附属性、伴生性的活动

装卸搬运是物流每一项活动开始及结束时必然发生的活动，因而常被人重视，总是被看作在其他操作时不可缺少的组成部分。例如，一般而言的"汽车运输"，实际就包含了相随的装卸搬运；仓库中泛指的保管活动，也含有装卸搬运活动。

2. 装卸搬运是支持、保障性的活动

装卸搬运也是保障生产过程和流通过程的各环节得以顺利进行的条件。装卸搬运质量的优劣、效率的高低都会对生产和流通等其他各环节产生很大的影响，装卸搬运的支持作用下降必将导致生产过程不能正常进行，流通过程不畅通。例如，车、船等的装卸不当，会导致运输途中货损增加，甚至造成翻车、翻船等重大事故；卸货不当，会造成下一步物流活动的困难，迫使劳动强度、作业工作量大幅度增加。物流活动需要在有效的装卸搬运支持下实现水平的提高。

3. 装卸搬运是衔接性的活动

在任何其他物流活动互相过渡时，都是以装卸搬运来衔接的，因而装卸搬运往往成为整个物流的"瓶颈"，是物流各功能之间能否形成有机联系和紧密衔接的关键，而这又是一个系统的关键。建立一个有效的物流系统，关键看这一衔接是否有效。

（二）装卸搬运的分类

1. 按物流设施属性分类

（1）自用物流设施装卸。自用物流设施装卸指企业在自用仓库、配送中心运用自备装卸搬运设备进行作业。

（2）公用物流设施装卸。公用物流设施装卸指在社会公用的仓库、车站、港口、机场，利用公用物流设施进行装卸搬运作业，可分别称为仓库装卸、车站装卸、铁路装卸、港口装卸和航空港装卸。

2. 按装卸搬运的物流设施、设备、对象分类

（1）仓库装卸。仓库装卸指在仓库、配送中心所进行的装卸搬运，如为配合出版物入库、出库、盘点等作业进行，以码放、上架、下架、拣货、移送等操作为主。

（2）汽车装卸。汽车装卸指对汽车进行装卸搬运作业。特点是每车装卸批量不大，而且可以利用汽车的灵活性，让汽车尽可能靠近作业场地，减少搬运活动，直接进行物流设施与汽车之间的货物过渡。

（3）铁路装卸。铁路装卸指在铁路车站将货物装入或卸出火车车皮的作业。特点是如果采取集装箱作业，就可以一次性完成一个车皮的装卸，减少整装零卸或零装整卸的情况。铁路装卸往往包括汽车在铁路仓库和理货场的作业及汽车在列车边、铁路站台边的装卸作业。

3. 按装卸搬运的作业内容分类

（1）码放作业。码放作业指将货物从运输工具上堆码到保管场所，或者由保管场所堆码到运输工具或仓库等保管设施的指定场所，再按要求码放整齐、规则有序。

（2）分拣作业。分拣作业指在码放或配货作业之前，将物品按品种进行分类整理，然后送到指定位置的作业。

（3）配货作业。配货作业指向运输工具装货之前或出库装货之前，按照客户的要求，把物品按品种、数量、作业先后顺序、发货对象等进行分类、组配、集中，并分别送到指定位置的作业。

（4）搬送作业。搬送作业指为了进行装卸、分拣、配送活动而发生的物品移动的作业，包括水平、垂直、斜向搬送和组合搬送。

第二节 物流运输与仓储管理

一、物流运输管理

（一）物流运输方式的选择

1. 基本运输方式

（1）公路运输。公路运输虽在20世纪初才兴起，但发展极为迅速，并成为使用最为广泛的运输方式。公路运输的主要优点包括：①具有很强的机动性，能到达大部分地方并提供门对门的服务，减少了与其他方式的转换时间，货物到达最终用户的环节几乎都需要汽车运输的配合；②使用者不必自己修建和维护运输路线，能利用现有的公路网络，车辆也不必遵守严格的时间表，可以随时上路。

因此，公路运输可以较为精确地控制运输时间，这种得天独厚的优势，使其成为实施准确制生产战略企业的首选运输方式。进行公路运输时，货运车辆的资金投入较低，可以用来运载多条线路的不同货物。与铁路运输承运商在某些线路的垄断相比，公路运输在同区域内有着大量的承运人经营，竞争激烈，使得价格更具有弹性。

（2）铁路运输。铁路运输的主要优点包括：第一，运载量大，一旦基础设施在适当的位置建好，它的通货能力就比较高，单位运价也相对较低。因此，一些量大、笨重、体积庞大、价值较低的货物的长距离运输通常会使用铁路，如煤炭、木材等这类货物的长距离运送通常会使用铁路。由于这个原因，铁路在供应链的上游部分中得到了广泛的应用。第二，火车可维持一个稳定的速度，并能与其他模式联合运送集装箱和散装货物，铁路对长距离运输更为有效。铁路运营商必须在运营前修建铁路和终端设施，由于对铁路、机车和终端设施的投资巨大，大多数国家的铁路都是由政府投资兴建并运营的。因此，铁路运输承运人数量很少，几乎都是公共承运人。通常一条在两地间修建的铁路就已经有足够的能力满足所有的需求，所以竞争者再运营同样的设施就变得不可行，这也是阻碍竞争者进入的一个因素。

（3）航空运输。航线能同时运送一定数量的货物，这些物品的运输速度比费用更重要。实际上，它是把空运货物限制在一个较低的数量上，即贵重货物的运输。最普通的运送物品就是文件和包裹，如联邦快递和联合速递公司。

2. 运输方式决策

运输方式决策包括运输工具的选择和优化，这对于提高运输工具的生产效率具有十分重要的意义。运用适当的绩效评价体系，可以及时发现企业在提供物流服务的过程中存在的不足之处，从而能够提高企业管理客户关系的水平，提高客户对企业服务的满意度，帮助企业更好地树立服务客户的观念，并制定出一套科学的客户服务策略。运输方式决策为运输决策提供了合理的物流选择模式。目前，运输方式决策主要受以下因素的影响：

（1）承运商品本身的特性。根据货物自身的特性，如价值量、体积、重量、安全性能等，确定合适的运输方式。一般情况下，大宗商品如原材料、低价值的大件货物宜采用陆路运输或水路运输；航空运输通常用于运送价格昂贵并且重量较轻的商品；在需要运送中短途的货物时，可以选择道路运送；而对于包装完整的生活用品，还必须从其他几个角度出发，详细地分析和对比，才能找到最适合的运输方式。

（2）运输模式的经济性能。运输成本是运输方式决策不容忽视的重要因素。运输成本主要由交通设施的投资建设费用、运营费用和维护费用等构成。在计算运输成本时，也应该将批量运输的实惠性和运费里程考虑在内。为了实现既定的运输目标，必须将运输成本控制在最低范围内。

（3）输送速率的适应性。输送速率是指运送货物需要花费的时间，即从货物发出到送达货物收件人所需的时间总额，包括运输工具的运行时间、途中停留时间，以及始发站到终点站的作业时间。输送速率与物流费用之间存在着密切的联系。企业要为客户提供快捷、高效的运输服务，需要支付的物流费用就高；相反，随着输送速率逐渐加快，企业的货物库存量将迅速降低，留给物流服务商的物流配送时间也会相应地变短。因此，正确地把握输送速率和物流费用之间的关系是获得最佳货运策略的关键。

（4）运输安全保障。运输方式的安全性是衡量运输服务质量的重要指标。无论是企业还是客户，在选择运输方式时，必须考虑运输方式能否在规定的时间内将收件人所需的货物平安地运送到指定的位置。在确定某种运输方式安全精度方面，最重要的衡量要素是运输的一致性，也就是多种运输方式耗费的时间差大小与约定运输时间的一致性，这会影响物流服务供应商承担风险的能力，从而体现运输方式的安全性、可靠性。

3. 运输方式选择

（1）简单的运输方式。在确定运输工具的类型时，应当以货物运输业务特点为依据。运输工具的计量与对比可以从下述几个方面展开：运输工具的使用成本及具体的运输费用；运送速率、完成运输任务需要耗费的时间；使用次数、可接受并且能够成功执行运输任务的次数；运输量和承载量；货物质量、包装的完整程度、损坏程度、对环境的影响等；在时间上的连贯性是否能够依照合约的规定及时交货；批量运输货物的能力；机动性强，能够满足各种运输需求；与其他运输手段的协作、配合程度；实时、精准把握运输货物的地理空间位置。

运输方式的选择，要根据实际情况具体分析。大多数情况下，企业和客户普遍重视运输费用和货物送达所需时间。但是，在选择的过程中，企业和客户必须以实际的运输需求为基础，从不同的角度进行综合对比与分析。为了达到最佳的运输效果，提高运输速率通常需要付出较高的代价。在整个运输过程中，运输成本将对运输方式的经济效益与合理性产生一定的影响。降低运输时间，可以缩短供货间隔时间，加快货物的周转速度，从而降低企业的安全库存数量，有效节省仓储成本。总之，选择最优的运输方式，一定要尽量减少运输费用和储存费用。

（2）复杂的运输方式。所谓复杂的运输方式，是指两个或多个运输模式互相连接，共同实现运输目标、完成运输任务的过程。复杂的运输方式将提前确定最优运输方案，并注重与其他运输方式之间的协同，充分利用各种运输方式的优点，以促进运输效率和运输利益最大化的有机统一。

①水陆联运。水陆联运是指将水上运输和陆地运输有效结合起来的运输方式。根据运输路线不同，可以选择水上运输配合陆地运输的两段联运，或者水上运输和陆地运输有效配合的三段联运、四段联运，先借助陆地运输方式将货物运送至港口，再由港务企业与船运企业协商沟通，利用水上运输完成货物运输任务。

②水上联运。水上联运是指同水系不同水运路线之间的联合运送，或者水系与水运路线相同，运送货物的船舶类型不同，由此形成的运输方式带动了江、河、湖、海在联合运输方面的协同发力。

③陆陆联运。陆陆联运是指铁路和公路互相配合形成的最为常见的联合

运输方式。陆陆联运这一运输方式能够发挥铁路运输高效、低价的优势，以及公路运输的便捷特性，促使联合运输取得理想效果。

④空陆联运。空陆联运是指将航空运输与陆地运输有效衔接形成的联合运输方式。由于这种联运方式具备高速特征，因此使得"门到门"货运服务成为可能。空陆联运主要由汽车和飞机配合完成运输任务。

（3）实现复合运输的意义。首先，有助于运输方式的合理配置。复合运输将各个环节中的不同运输过程联系起来，形成了灵活、高效的整体运输过程。所以，复合运输降低了物流过程发生停滞的风险，确保了运输顺畅，避免了货物损坏，是能够实现物流合理化的有效途径。其次，便于货物运输流程的简化与统一。由于联运手续简便，因此可以为发货人、收货人和客户带来极大的便利。最后，达到了"运输效益"与"运输效率"的双提升。复合运输可以充分发挥各种运输方式的特点和优势，有效地简化了运输流程，降低了不必要的费用开支，加快了运输速度，提高了物流品质，可以明显提升货物的运送效率，大幅降低货物的运送费用。所以，开发综合运输路线，最大限度地利用各种运输方式的优点，实现各种运输渠道之间的协调与配合，有助于形成一套科学的物流运输系统。

绝大多数的货物运输通常涉及多种运输方式，如何确保各种运输方式均衡发展是摆在运输经营者面前的首要问题。为此，建立完整的物流系统显得极为必要。当前，许多企业都想采用合适的物流模式降低物流费用，从而获取更多利润。但是，提高货运速率与降低货运成本之间存在着"效益背反"现象。所以，在进行货运决策时，必须有效地调整货运模式，使货运模式实现最优搭配，从而为科学组织货物运输创造有利的条件。

（二）物流运输线路的选择

进行运输决策时要重点考虑运输线路的选择，一条好的运输路线能够对运输工具及运输人员产生重大影响，最终影响运输总成本。

1. 运行线路选择的影响因素

（1）起点与终点不同的问题。在运输线路起点与终点并不完全重合的情况下，运输线路选择可以考虑最短路线法。如果运输节点具有明显的未知性，则使用最短路线法将不同的节点用线连起来，可以计算起点与终点之间的运输费用。

（2）多起点和多终点问题。对于存在多个起点和多个终点的情形，通常可以使用最优运输方式。由于这类问题比较复杂，因此必须提前明确各种运输线路原始供货商的位置，确定从供货地到收货地之间的最佳运输路径。

（3）起点即终点问题。如果运输使用的工具、设备属于私有物品，则存在"起点"就是"终点"的问题。例如，货物要通过运输设备，才能从仓库配送到零售店；零售店选择合适的运输工具，将货物送达目的地，完成配送任务后原路返回等。

2. 运行路线与运行时间

（1）对运输工具的调度限制具体表现为：对各取货地点取货及发货次数的限制；输送装置的载重性能各不相同；运输工具能够承载的一次配送里程；存货与取货二者之间关系的规则；只有在发货后才可以接收货物的时段；在特定的时期，运输工具被分配到临时休息地点的可能性。

（2）运输线路及运输时刻的确定，应当遵循以下原则：对邻近的散装货物实行集中运输；为聚集在同一地点的货物提供当日运送服务；以最远离仓储中心的货物为优先配送对象，优先进行物流配送；确定运输工具在各停留点的驻留时间；在运输方面，确定大件货物使用的运输车辆；不应该专门为提货预留出相应的时间，而应该在运输过程中随时配合运输；可以为远离停留点的货物设计专门的送货方案，尽量避免运输工具在停留点长久停留。

3. 制定车辆运行路线

在实际应用中，由于受到各种因素的制约，通常很难较好地解决车辆行驶路径与行驶时间的规划问题。在解决问题的过程中，一般都会使用扫描仪。该方法简便，精确度可以达到 90% 以上，可能出现的误差主要由于操作时间较为紧迫所致。

（1）基于扫描技术的合成方法。将存放在各停靠点的货物指派给相应的运输车辆，并根据各停靠点运输车辆的先后次序进行调度。

（2）扫描方法的实施过程。具体内容如下：将货仓与所有停车点在一张地图或一张坐标纸上精确地绘制出来；把尺子放置在仓库的位置上，不必管尺子的放置方位，只需顺时针或逆时针转动尺子，直至尺子与某个特定的落脚点重合；合理安排车辆运行路线途径停靠点的顺序，优化出车次序，确保运输距离最短，从而实现节约运输成本的目的。

（三）物流运输商的选择

只要运输业没有垄断存在，运输服务需求方在选择合理的运输方式后，就要面临运输服务商的选择问题。每一种具体的运输方式都会存在数量众多的服务商，选择合适的服务商十分重要，大致有以下方法：

1. 服务质量比较法

在支付的运输费用相同的情况下，服务需求方普遍希望能够享受更为优质的服务，使得服务质量成为评判运输服务商优劣的基本衡量标准。

（1）运输品质。运输行为不会改变运送货物的存在状态，运输只是将货物从发货地送至收货地的过程。货物在运输过程中，如果存放不当，则极易造成货物的损毁甚至变质，严重影响货物的品质。因此，对于注重货运品质的客户，通常会重点考虑以下因素：货运服务提供商所提供的货运车辆能否正确使用；货运企业的装卸能力及货运人员的作业能力与服务水准，由于货运人员在装卸与处理货物的过程中容易造成货物受损，因此货运人员的服务水准将会在很大程度上决定货运品质；物流工作人员的素质和配送经验是保证货物安全运送的先决条件；货运物流管理过程的系统化与高效化，对于保证运输质量具有重要意义。

（2）"以人为本"的服务理念。随着运输服务供应商不断地提升运输品质，运输服务需求方也越来越关注其他与之有关的服务概念，这些服务的重点内容包括：货物的准时送达情况，运输准时率越高，货物的配送服务越及时，越有助于企业从多个角度加强货物的运输控制，从而达到集中、有效管理货物的目的；飞机、轮船、火车合理安排发货时间，以便更好地满足客户在提货、取货等方面的现实需要；单证制作的正确性，考核文件、信息系统及配送报表操作的准确率；信息查询的便利程度，如货物运输报价、货物配送信息追踪等；货物在运输过程中引发的争议与纠纷，可以迅速为客户处理好、解决好，提高客户对运输服务的满意度。

2. 运输价格比较法

在市场竞争日趋激烈的情况下，运输服务商要想获得广阔的发展空间并占有更大的市场份额，就必须不断地提高服务质量。但是，因为某些产品所能达到的服务水准的成长空间已接近饱和，导致运输服务商只能将重点放在运输价格这一关键要素上。在客户可以选择多个不同的运输服务商时，由于各服务商的服务水准差异不大，或者由于客户对货物运输服务的品质要求不高，运输价格成为客户选择运输服务商的重要参考指标。

3. 综合分析选择法

为了选择最合适的运输服务商，客户更倾向于采用多种判断标准，对运输服务商进行全面分析，将运输服务商的整体实力、货物配送质量、运输价格、运输服务质量及企业的品牌形象等因素考虑在内。

（四）物流运输合理化

1. 运输合理化的决定因素

（1）运输距离。运输距离是检验运输是否具有科学性的首要指标，运输速度和运输费用都与运输距离存在着紧密的联系。

（2）运输方面的问题。简单的运输环节可以减少无谓的运费支出，对节省运输费用十分有利。

（3）运输方式。每种运输方式都有自身的特点和优势。恰当、合理地选择运输方式，对于运输合理化发挥着十分关键的作用。

（4）运输时间。在货物的长距离运输过程中，运输时间在总体的物流时间中所占的比例最大。持续地缩短运输时间，可以极大地缩短物流系统的整体运营时间。同时，还能够加速运输工具的流转次数，防止运力的浪费，从而实现运输工具的价值最大化。

（5）运输费用。在整个物流体系中，运输费用是最为关键的影响因素。运输费用直接关系到物流体系市场份额的占有情况，同时也是衡量物流体系运输是否合理的重要指标。

2. 运输合理化的基本方式

（1）运力均衡。区域内的产销关系是指对于某些货物来说，生产区域与消费区域相对固定。依据货物生产和销售的分配状况及运输情况，以均衡产销为依据，以选择最佳运输线路为目标，合理安排货物运输事项，合理控制货物的产量和销量，详细调查周围的地形和运输路线，按照就近生产、就近销售的原则，尽量减少运送路程，节省运力，以达到最优的运送效果。对于以下三种类型的货物，区域生产和销售都是有效的选择方案：可以集中生产，客户需要的货物数量不多；销售规模大、要求一致，但制造规模不大的货物；科技水平较低，价格较低，生产货物的原材料并非稀缺性资源。

区域化产销运输功能主要体现在以下四个方面：一是可以达到产销平衡；

二是可以合理安排物流活动；三是可以避免一系列不合理的运输现象；四是能够发挥资源的最大价值，从而降低运输总成本。

为了使地区间运输真正起到供需均衡的效果，应该按照如下步骤操作分区产销平衡运输：明确货物供需状况、路线与方式；分区域将货物的原产地和销售地结合起来，以市场为中心，将第一产业与周围的厂家密切结合起来，达到货物生产与销售的均衡，第二产业的发展方向与第一产业恰好相反；在现有的货物生产和销售关系下，必须科学设计运输路线，以确保运输成本的最小化，使货物运输达到生产和销售均衡；合理、高效地规划运输方案，保证运输方案能够顺利执行。

（2）直达运输。直达运输是指在运输货物时，避开商业、物资存储环节或运输中转环节，将货物从产地或起运地直接运送到销售地或客户所在地，以缩减中间环节、降低运输费用。例如，外贸货物运输中比较常见的大宗原料直达运输。当然，具体的货物在直达运输过程中所要经过的流程必定有所不同。目前，"多渠道，少环节"理念在物流运输中得到了广泛的应用，运营和采购的自主性得到了进一步提升，直达运输在整个物流和运输活动中所占的比重也在不断增加，这有助于省去不必要的环节和流程。

（3）优化装载技术。装载技术的发展，可以使货物运输流程更科学、合理，从而达到货运效率和货运效益同步提升的目的。首先，通过轻型货物和重型货物的组合，最大限度地发挥车辆的载重能力，以实现运输效益的最大化。其次，通过拆解搬运的方式，将体积较大、容易损坏的货物分解为便于运输的包裹，以实现空间的优化利用，提高运输效率。最后，改进货物的摆放方法。科学分析运输工具的载货情况，结合货物自身的属性，做到具体问题具体分析，选用最佳的货物摆放方法，以达到提升运输工具技术装载能力的目的。

二、仓储管理

（一）仓储的性质

仓储是货物在不断生产的过程中，维持自身价值恒定不变的有效方式。仓储涉及静态货物的存取、保管和控制等活动。仓储可以为货物提供特殊的存储空间，无论是生产资料还是生活资料，都可以成为有效的仓储对象。由此可见，从事货物的仓储活动与从事物质资料的生产活动，尽管在内容和形式上存在差异，但都属于带有鲜明生产性质的活动。不管是生产领域的仓储，还是处于流通领域的仓储，在生产性质方面并无差异。

（二）仓储的作用

第一，仓储是影响现代物流产业发展的重要因素。在物流产业中，"转移货物"是运输服务商承担的重要职责，而"转移货物"需要合理发挥仓储的作用。所以，运输与仓储是物流体系的两大基本功能，被称为物流体系的重要支柱，以仓储为平台的配送，也是支撑物流体系发展的核心因素。

第二，仓储属于必不可少的社会物资生产方式。仓储是一系列"货物"在各个环节中产生的停顿，是连接物流体系上下环节的必要条件。比如，在生产过程中，上一道工序和下一道工序的生产必然存在着一定的时间间隔，上一道工序的零件必须达到一定的批量，然后才能以最小的成本进入仓储环节获得保障。所以，仓储不管对于何种工序来说，都是确保货物顺利生产的必要前提。

第三，仓储能够产生"时间效应"。所谓"时用性"是指同一种类型的货物，因生产的时间长短而具有一定的差异性。在不同时期，仓储可以使货物的产出率和投资率达到最优状态。将物资最大限度地利用起来，挖掘物资的潜能，从而实现物资在时间上的最佳分配目标。从某种程度上来说，提升货物的价值正是仓储发挥作用的重要体现。

（三）仓储合理化的方法

有效地发挥仓储功能是实现仓储合理化的最佳方法。为了实现仓储合理化，必须对储存合理化的标志及仓储的作用形成清晰的认识。除此之外，如果过度地重视仓储的作用，也会造成仓储数量过多。所以，仓库管理的本质就是尽可能地以最低的成本投入发挥仓储的职能。

1. 科学选址

仓储地点的选择，直接关系到货物流转的速度及流转成本的高低。仓储布局应该充分利用周边的交通状况，最好设在中央区域，与各个销售单元形成放射分布局面；把握好"最佳"运输路线；尽量避免货物运送中出现绕道而行的情况；对于大规模仓储，应该依据集装箱运输车辆的出入情况，合理选择具备通行能力的道路和桥梁。

2. 合理的存储数量与品种结构

合理的储存数量和品种结构的影响因素包括：社会需求量，社会需求量越大，库存储备量就越多；运输条件，运输条件好，运输时间短，则仓储数量可以相应减少；物流管理水平和技术装备条件，如进货渠道、中间环节、仓库技术作业等，都将直接或间接地影响物品库存量的水平。

3. 控制物品的周转天数

每类物品要有恰当的储备保管天数。合理的仓储时间要求储备天数不能太长也不能太短，储备天数过长就会造成资金占用，储备天数过短就不能保证供应。仓储时间主要应根据流通销售速度来确定，其他如运输时间、验收时间等也是应考虑的影响因素。

第三节 物流服务及质量管理

一、物流服务管理

任何一家企业，无论制造业还是服务业，本质上都是为客户提供实物与服务的混合体，客户服务能在很大程度上体现企业为用户提供服务的能力和水平。

（一）物流服务的基本认知

1. 顾客服务与物流服务

（1）顾客服务的发展。在生产观念占主导的时代，企业假设消费者喜好购买便利且价格低廉的产品，因而管理者致力于追求高效率和广泛的分销体系，以节约成本。到了产品观念占主导的时代，人们认为消费者在进行购买决策时，考虑的是品质、性能，管理者因此转而注重改进产品质量，提高性能。促销时代来临后，人们又认为促销才是引发消费者积极购买的关键，故而好的广告在许多人眼里成为企业制胜的法宝。到了营销时代，人们认为判定企业能否达到经营目标的关键在于它是否能够满足目标市场的需要，是否比竞争者更有效率、更合乎效能地提供目标市场所需的产品或服务。此时，在管理者眼里，获得产品的实物形态本身并不是顾客购买产品或服务的目的，最重要的是获得产品或服务所代表的某种属性，满足消费者的精神、物质生活的某种需要才是其经营之本，它比仅仅提供某种热销的产品或服务更为重要。

为顾客提供优质服务对于现代企业来说是非常重要的，因为这样有利于在顾客心目中树立良好的形象，有利于创造需求和保持顾客忠诚。但对"什么是顾客服务"及"顾客服务要干什么"则很难准确解释清楚。服务是发生在卖方、买方和第三方之间的活动。这些服务吸引顾客购买产品或能产生增值价值。其价值的增值活动有可能存在于短期内，如某项具体的交易；也有可能发生在长期的协议关系中，在交易过程中各方都会有所收益，并且其收益的绝大部分是以节约成本的方法使供应链获得价值增值，而客户服务的价值增值通常是由各方共享的。

（2）物流服务的含义。从物流的角度来看，客户服务来自所有的物流活动或供应链过程，能够帮助企业吸引新的客户及留住现有客户，还会影响企业的物流总成本、所占市场份额和企业的盈利能力。因而物流管理中的客户服务可以表述为，为保障客户能以一定速度和可靠程度得到所订购产品而开展的一系列活动。

企业可以通过减少成本费用，让供应链获得增值利益，一般这个过程称为企业物流服务。企业的物流服务可以作为衡量物流系统使企业的商品或服务具有时间和空间效用的标准。物流服务是指物流企业或企业的物流部门从处理客户订货开始，直至商品送至客户手中，为满足客户需求，有效地完成商品供应、减轻客户物流作业负荷所进行的全部活动。总体来说，企业必须明白顾客对于企业的重要性，并将在公司贯彻顾客服务理念，学会把顾客服务当成一种企业管理活动来对待。

2. 物流服务的对象分析

在激烈竞争的今天，满足客户需要是保持企业良好发展、获取长期竞争力的关键。由于不同企业所经营的产品类别不同，乃至处于产品生命周期的不同阶段的同一产品对物流服务的要求也大相径庭。因此，要想提供满足客户需要的服务，就要对物流对象的特性有充分的认识。

对于物流企业来说，工业品和消费品是企业两种主要的物流对象。就工业品来说，它的运输量比较大，运送的规格、品种也多种多样，市场分销渠道较少；就消费品来说，它又被称为生活日用品，一般把它分成选购产品、便利品和特殊产品；对于便利品来说，要想更多地销售出去，就要让它变得容易获得，因为这种生活必需品，不同品种之间的差异很小，所以企业有必要确定专门的营销策略。比如，多渠道供货，拓展销售网络，保证产品的现货供应。

家用电器是典型的选购产品，消费者通常要经过较长时间的比较、挑选，营销渠道相对较少，保证现货供应与保证售后服务同样重要。特殊产品并不多见，通常产品的专业化特征比较明显，具有较为忠诚的客户群体，这些消费者愿意花费较长的时间、较多的金钱等候中意的产品，因而物流服务的压力相对较小。

3. 物流服务的生命周期

物流服务的生命周期是指从构思设计、开发上市到被市场淘汰所经历的全部时间。对于物流服务来说，通常把它分为以下阶段：

（1）当企业内部对新产品的研究还处于开发阶段的时候，企业的物流服务充满了不确定性，所以企业分管物流的部门需积极参与新产品的设计工作。从企业长远角度来思考如何设计新的物流服务，比如，服务的包装要满足成组运输的一般要求、原材料要便于企业管理等，从而完善物流服务设计，避免企业运营成本过高。

（2）在产品刚刚进入市场的时候，由于企业对市场需求没有历史资料，无法精确把握市场需求。所以企业要保证充足的现货供应，不能发生缺货现象，但是也不能有过多的库存，导致增加成本。企业在这个阶段，需要逐步建立完善企业的柔性管理系统，及时补货、缩短订货周期是这一阶段的主要目标。

（3）在成长期，物流服务逐步得到市场的认可。在新市场开发和新分销渠道的刺激下，企业物流网络的复杂性显著提升，这个阶段企业要着力于维持收益和成本之间的平衡，并且要大力支持市场的发展。

（4）在成熟期，企业间的竞争变得越发激烈，企业为了应对竞争，要研制新的市场策略，提高物流服务能力，保持企业的吸引力，巩固企业的市场份额。此时，企业应该进一步加强管理及提高服务能力，降低成本，体现企业的价格优势，让客户服务成为企业经营的重点，进一步开发市场。

（5）在衰退期，由于物流服务不能满足市场需求从而最终退出市场。企业在这种时期要及时确认这种落后的服务，并且要再次评定企业所提供的物流服务。随着物流服务的逐渐消失，企业应该充分关注库存风险，降低企业经营的成本。

4. 物流服务的重要意义

（1）物流服务在企业差别化战略中占据了重要地位。随着市场不断细分，市场需求出现多样化、分散化的特征。企业要想在激烈的市场竞争中生存下去，就必须满足市场的不同需求。物流服务上的差异已经成为差别化经营战略中的主要内容之一。

（2）物流服务一直影响着企业的经营绩效，同时构成物流系统的前提条件也是物流服务水准。在物流成为重要的经营战略之后，市场机制和价格机制在经营战略影响下的变化导致了物流服务的变化。在物流市场机制和价格机制的变动下，物流服务供求关系既决定了物流服务的价值，又决定了一定服务水准下的物流成本。所以，物流服务直接影响企业经营绩效。

（3）物流服务的优劣直接影响了企业经营成本的高低。企业经营竞争的重要影响因素不仅包括零部件、人力成本、原材料等，也包括物流服务方式。企业有了合理的物流服务方式，才能提高货物的流通效率，降低企业经营投入，降低成本。

（4）有效的供应链经营系统离不开物流服务。在现代社会经济全球化、网络化的大环境下，单个企业间的竞争在现代企业的竞争中变得无足轻重，现代企业的竞争是供应链与供应链之间的竞争。因此，现代企业需要通过物流服务建立有效供应链经营系统，获取竞争优势。

（二）物流服务的基本内容

物流服务要在争取新客户的同时吸引原有客户继续购买本公司的产品或服务，此外，还要提高投资的回报率。一般通过营销管理、改善产品性能、改变定价才能争取新的客户。但在一些领域，特别是高技术领域，创造需求也受物流服务的影响。物流服务不仅是创造二次消费的最佳手段，也影响着消费需求。物流服务的基本内容如下：

1. 基本物流服务

基本物流服务与企业物流战略有关，主要是为增值物流服务和附加物流服务奠定基础。企业制定的各种物流规章、政策，根据客户需要所建立的物流服务体制等是基本物流服务的主要内容，为提供好的物流服务打下了良好的基础。

（1）企业的书面物流服务章程。这一方面反映了顾客需要并界定了服务水平，另一方面还确定了物流服务监督机制。

（2）告知客户的书面服务章程。如果以物流服务为基础，开发新市场，提高市场占有率，那么必须使客户和企业的物流服务政策挂钩，让客户了解企业的物流服务政策。书面的章程不仅能够让客户知情，也能够在出现服务质量问题时，方便客户及时与有关部门沟通。

（3）组织结构。组织结构的设置要有利于与客户沟通，有利于协调企业内部管理，提高服务质量，及时处理遇到的问题。因此，组织结构要职责分明、分清界线，适当的奖惩措施也是必要的。

（4）对突发事件要快速反应。对出现的自然灾害、政府禁令、社会动荡及经营合作伙伴的突然变化等突发事件具有快速反应的能力。

（5）技术服务是指为客户制订培训计划，改进库存管理，完善订单处理。

2. 物流增值服务

物流增值服务是指那些直接对送货过程造成影响并导致物流成本减少和价值增加的因素或活动，其中商品销售、企业的产成品分拨管理等都和它有紧密的联系。物流增值服务通常可以有效地提高物流服务水平，同时使成本维持在较低水平，是与物流服务关系最为密切的一部分。物流增值服务的主要内容是确立存货水平、提供订货信息、制定科学的订货周期、提供产品更换等服务活动。

（1）了解缺货情况。缺货情况或缺货率是衡量产品现货供应比率的重要指标。如果没有货物，就努力为客户寻找替代产品或者在补进货物后再送货。由于缺货成本一般较高，所以要对这一因素进行详细统计，找出问题，并且找到有效的解决方案。

（2）提供订单信息。物流系统需要以较快的速度向客户提供有关库存水平、订单情况、运输、交货的准确信息。如出现缺货，还要告知有关补交货的安排。补交货的数量和订货周期也是衡量物流灵活性的重要指标，在一定程度上可以抵消缺货造成的不良影响。从某种角度说，补交货的能力与缺货水平之间存在效益背反规律。因此，对补交货情况的考察要和缺货情况联系起来。

（3）缩短交货周期。客户从发出订单到收到货物所耗费的时间称为交货周期，一般指订单传递、分拣货物、包装、运输等多个环节所耗时间。通常，客户只会关注交货周期，对某一具体环节需要耗费的时间并不在意。因此，充分利用现代科技，特别是利用现代网络技术、通信技术、条码技术等尽力缩短交货周期是当前物流管理的主流。

（4）提供快运服务。快运服务也是企业为缩短交货周期所做的努力。因为快运服务通常费用较高，所以企业要根据经营产品的特点、客户的承受能力决定是否采用快运服务，以及如何采取快运服务。

（5）提高物流系统的准确性。如果交付的货物、交付的数量、制作的单证出现错误，就会给客户和企业带来一定的成本上涨。从根本上讲，提高准确率就是节约成本、提高效率。

（6）提供便利的订货方式和渠道。企业落后的通信手段、复杂的订货手续都可能使客户望而却步。将传统商务手段与电子商务相结合，有助于方便客户购买产品或服务。

（7）提供产品替代服务。许多企业生产的同一种类产品会有不同的规格、不同的包装，如果产品之间可替代性较强，那么可以在降低库存的同时维持较高的物流服务水平。

3. 物流附加服务

（1）提供产品安装、品质保证、维修、零部件供应等附加服务。对某些产品，如空调等家用电器，是否有安装、维修服务及服务的质量都是影响消费者购买决策的重要因素，加强这部分投入将显著提高物流服务水平。

（2）对产品进行跟踪调查。某些特殊行业需要跟踪出售的产品，防止其出现社会危害。目前企业对供应链管理中的可视性要求越来越高，产品跟踪的适用范围逐步扩大。

（3）为客户提供索赔、投诉和产品回收等附加服务。大众媒体的高度发展如果对索赔、投诉的处理不当，就可能会对企业形象造成恶劣影响。产品回收涉及物流管理中的一个新领域——回收物流，产品回收可能是企业正常物流管理活动的组成部分，也可能由突发事件造成。如果是突发事件，那么回收产品的能力将直接反映企业的应变能力。

（4）为客户提供临时性替代产品服务。为满足客户的需要，对尚未交付的货物或正处于维修阶段的货物提供临时性替代产品，可以保证客户的正常使用，树立企业"以客户为中心"的良好形象。

（三）物流订单服务的过程

从现代物流的增值服务到物流服务过程中的环境协调及高质量、高效率的满意服务等，都是超值物流服务所包含的内容。其中，完美订货服务是物流超值服务的突出表现。完美订货服务是物流质量的外延。在现代技术支持下，完美订货服务是可能实现的。不少企业利用这种物流服务来改善与重要顾客的关系。企业要致力于提高物流服务水平，改变与顾客的关系，提供更大的物流价值给顾客，并给双方带来更多的利益。进行完美订货需要在管理上和执行上做出努力，并需要强大的信息支持。

完美订货一般是基本服务之外的活动，以发展供应商和首选顾客之间密切的工作关系为目标，只有在建立各种协议的基础上才能履行完美订货的承诺。完美订货的承诺通常需要得到有关企业间共享信息的支持，以便保持对各种物流需求的深刻了解，一般不会贸然向供应商提出完美订货的要求。

对于企业来说，商品的订货周期是与订单息息相关的。不同的角度对于订货周期有不同的认识：从卖方的角度来看，订货周期是从收到客户的订货单开始，到货物到达收货地点所耗费的时间；从买方的角度来看，订货周期是指从发出订货单到最后收到货物所耗费的时间。

1. 订单传递服务

客户发出订货单到企业收到订单这段时间内发生的一系列工作被称为订单传递服务。当客户发出订货单，就应该立即进入企业订单服务流程。否则，就会影响客户对企业物流服务的评价。为此，许多企业不断改进订单传递方法，将订单直接传送。

2. 订单处理服务

通常把从接受订货到发运交货，包括受理客户收到货物后处理单据的全过程称为订单处理服务。企业只有在处理订单的时候做到准确、迅速、服务周到，才能让客户满意，从而促成连续订货。订单处理的基本原则如下：

（1）与客户之间建立信任。诚信是企业经营的基础。明确订单处理工作也是开展客户经营的一部分，要把信任感和认同感融入客户与企业的交流当中。

（2）尽可能地缩减订货周期。从发出订单到收到货物所耗费的时间称为订货周期，订单传递的时间、订单处理的时间、运输时间都包含在订单处理中，决定了订货周期。缩短订货周期会减少客户的时间成本，也会让客户所获得的让渡价值得到提升，这是保证客户满意的重要条件。

（3）发展紧急订货的服务。对于顾客来说，紧急订货往往十分重要。因此，发展急需服务有利于与客户建立良好的关系。

（4）避免缺货的现象。只有保持充足的库存才能连续订货。对于客户的整个生产安排来说，工业原料和各种零件一旦缺货，就会影响整个生产安排。此外，缺货现象也会让客户转向其他供货来源。

（5）不能忽略小客户。小客户的订货虽少，但也有可能发展为大批买卖。只有客户与企业建立了稳定且相互信任的供销关系，才能为以后继续订购打下良好的基础，企业的声誉也会借助小客户传播而树立起来。

（6）力求装配完整。尽最大努力做到装配完整，或者采用利于顾客自行进行装配的方式，方便顾客即拿便用。

（7）及时为客户提供订单进程信息。物流部门要确保顾客及时了解货物配运情况，方便顾客预计货物到达时间，以更好地进行下一步的销售。

（8）注意控制和解决订单作业中的"波峰"现象。所谓订单作业中的"波峰"现象，就是企业在同一时间收到了大量不同顾客发来的订单，因无法及时处理，导致顾客订货周期被延长，客户服务水平下降。解决"波峰"现象的关键是控制客户发出订单的日期，减少订单处理工作中的"波峰"和"波谷"现象。

3. 行单分拣和集合服务

订单分拣和集合职能包括从仓库接到货品的出库通知单，到该货品装上开往外地的货车。这段时间内进行的所有活动，通常由计算机系统来控制完成订单的分拣。当拣选完订单上的货物后，就要精确核对集合的产品，以保证分拣的准确性。一般要填制包装清单，将其放入每件将要发出的货物中。包装清单上标明分拣和拼装在一起的产品名称和数量，并由经办人员签名。收货人在收到货物时，要根据订货清单和包装清单核对其所收到的货物。

（四）物流服务系统化

1. 物流服务系统程序

对外物流服务设计的内容有与客户商谈、拜访客户、与客户签约、及时处理客户投诉、与客户建立感情关系、量化客户对企业服务的满意度、提高客户参与度等，对内物流支持的内容有培训员工、激励员工、考核员工、设立处罚机制、改善监督公司政策、探究员工对公司的意见看法、量化员工绩效、合理化管理。

2. 物流服务系统内容

物流服务系统内容包括：了解客户，就是收集客户信息资料，力求最大限度地了解客户；研究客户，就是把收集到的信息资料，按等级和市场进行分类；客户关系，就是研究如何促进双方关系；服务计划，就是按实际需求规定物流服务规则；客户投诉，就是拟订合理申诉渠道，及时合理应对投诉；客户联络，就是利用信件等方式去进行客户提醒；员工第一，就是对员工进行意见调查，以了解内部客户的满意程度；竞争分析，就是分析竞争对手，学习其确保提高客户满意度的方法，做到为我所用；要重视开拓新客户；共存计划，就是使交易双方实现共同进步的计划，实现客户与员工及企业三赢的方式；品质计划，就是服务品质管理措施；发展计划，就是培训员工，使员工了解并掌握自己的职责和工作范围；改善计划，就是通过一定的方法渠道，使员工得到客户的真实反馈，然后进行改善变革。

二、物流质量管理

质量是企业参与市场竞争的关键因素，是企业经济效益的基础，质量管理是现代企业管理的重要组成部分。

物流质量管理的定义是以质量为核心，通过先进的质量管理手段和方法，系统管理物流的全部运行过程，具体内容包含保证并提升物流产品和物流工作的质量，并明确好具体的工作流程。物流质量是一种全面质量观，不仅包含物流对象的质量、物流手段的质量以及物流工作的质量，还包含了物流链中的所有环节。"强化企业生产物流质量管理，就必须从企业物流发展战略高度出发，真正树立整体质量管理思想。"[1]

（一）物流质量管理的内容

第一，保障和改善物流商品的质量。商品的质量由生产过程决定，物流过程的主要作用是转移并保证商品的质量，最终保证用户的使用质量。改善并提高商品质量可以采用流通加工等现代物流手段。

第二，保证和改善物流的服务质量。物流服务的主要目标是满足顾客的需求，保持并提升顾客的满意度，提高企业的知名度。服务质量就是物流的质量目标，主要包含保护、改善商品质量以及物流过程的质量等。

第三，保证和改善物流的工作质量。物流工作质量是指物流过程中的各个工作环节、岗位等工作质量，物流服务质量的重要基础和重要保证是工作质量。所以，企业应该建立有效的管理机制，积极调动员工的工作积极性，

---

[1] 王英，黄海峰. 企业生产物流质量管理 [J]. 中国储运，2012（04）：102.

进而提升整个工作的质量。

为全面评价物流项目的运作，需对物流工作各环节、各工种、各岗位的具体工作质量，用绩效考评的方法来进行其物流工作质量的考核。因此，从物流企业项目运作的角度，需制定考评供应链运行绩效的关键业绩指标——KPI体系。物流企业在制定KPI体系时，需注意：以满足客户的需要为出发点制定标杆，要始终着眼于客户的满意度；不能只看到当前企业物流项目运作的优势，还应向整个行业优秀的第三方物流企业学习；分不同的角度看待KPI的制定，制定KPI指标体系的重要原则是SMART原则，即具体(Specific)、可度量(Measurable)、可实现(Attainable)、现实性(Realistic)、有时限性(Time Bound)。

第四，物流工程质量。物流工程一般分为网络工程系统和具体的技术工程两大类别。物流工程质量管理一般强调：预防为主，不断改进，严于律己，用户至上，用事实和数据说话，质量第一，以人为本，科学管理，质量与经济的统一。

（二）物流质量管理的原则

第一，充分发挥领导作用。作为物流运营领导，应该积极统一企业的发展目标和方向，营造积极、良好的工作氛围，便于员工充分参与到物流运营工作中，并不断提高员工的工作主动性、积极性及创造性。

第二，积极关注顾客的需求。企业应该以顾客为中心，充分了解和满足顾客的消费需求，并积极做好营销工作，努力满足顾客的未来需求。

第三，通过有效的过程方法管理物流质量。企业应该在物流运营和对应的资源管理中充分利用过程方法，进而实现物理管理的目标。

第四，全员积极参与物流质量管理。企业经营管理离不开各级人员的积极参与，要激励各级人员参与企业管理工作，并在制订企业发展计划及在决策的过程中听取员工的意见，充分发挥各级人员的才能。

第五，持续改进。总业绩的不断改进是物流企业可持续发展的永恒目标。

第六，打造互惠互利的供需关系。整个物流过程中的企业之间都是相互依存的关系，此种良性的互利关系可以创造有效的价值，还可以提升整个供应链的竞争能力。

第七，决策的制定应该基于事实。对物流过程中产生的物流信息进行综合分析，并利用信息技术分析具体数据和信息，以此制定明确的企业决策。

物流质量管理的重要内容是物流服务质量,这关乎物流活动的本质特征,服务是现代物流的重要本质。物流公司或企业的内部管理状态都是通过物流服务展现出来的。作为顾客,最想要的就是以最小的代价获得最好的服务,而企业或公司最希望得到的是高利润和高满意度。

(三)物流质量管理体系

1. 物流质量管理体系的内容

物流质量管理体系为落实物流质量管理提供有效的组织架构、过程方法、程序及资源,物流质量管理的重要核心就是物流质量管理体系,它综合了物流质量管理的资源能力及管理能力。

物流质量管理体系的重要内容包含物流服务的质量、物流工程的质量、物流工作的质量及物流对象的质量,物流质量管理体系的核心是服务质量。物流质量体系的形式包含物流质量管理体系和物流质量保证体系。

2. 物流质量管理体系的结构

(1)物流质量管理的对象。首先,人员。物流企业要提供让顾客满意的服务,除了物质条件之外,人员的素质很重要,对人员的管理体系主要包括:思想政治素质,热爱企业、勇于创新、浓厚的质量意识等;业务素质,业务知识和业务能力;知识结构,基础知识、专业知识、业余特长知识等;职业道德,企业员工在企业利益面前表现的"先公后私、乐于奉献",保守企业秘密,自觉将自己与企业发展紧密相连的一种职业道德规范。其次,物。对物的质量管理体系,除了物流自身以外,还与供应商及其他合作伙伴有关,只有将三部分的质量管理好,才能真正有效地保证物流的质量。

(2)物流质量管理体系的组织结构。质量管理体系的组织结构是构成体系本身及经营管理组织结构的主要部分,是质量体系各个要素彼此之间协调联系的组织纽带和组织手段。物流质量管理体系的组织结构形式与系统工程的结构形式一样,由母体系统和若干子系统构成。为了提高物流质量管理体系的有效性,在质量管理体系组织结构的更新调整与建设发展中,应从侧重点、效能等方面注入一些新的考虑并付诸实施。可从这些方面进行:提高市场调研和开发能力;提高体系结构的效能;不断优化物流质量管理体系组织结构。

(3)物流质量管理体系的组成。首先,管理职责。制定质量方针,确定质量目标,并积极进行质量的策划,此外还涉及文件和质量记录的有效控制、对质量管理体系进行评审等。其次,资源管理。人力资源、资源供给、工作环境、基础设施、自然资源、财务资源、信息、供应商和合作企业等。再次，物流质量的形成。物流质量是在物流活动中形成的，物流活动整体上一般分为市场开发、服务策划与设计、服务提供、采购供应、服务后质量反馈等。最后，实施物流质量提升所需的测量分析和改进。物流质量管理体系测量和监控的种类主要包括业绩、过程和物流业务的测量和监控。

（四）物流质量管理保证

1. 物流质量保证的内容

物流质量保证是物流企业对用户、消费者在物流产品和物流服务质量方面提供的担保与承诺，保证用户购得物流产品和物流服务质量可靠并满足需求。从系统观点看，还包括工序之间提供的半成品和服务承诺，即上工序向下工序提供质量担保。为提供相关技术证明文件和技术保证条件，物流企业需开展有计划和系统的活动，企业需做到以下几点：

（1）提供充分必要的证据和记录。为了取得用户的充分信任，物流企业必须提供充分必要的证据和记录，同时还必须接受用户的评价，如用户、第三方、政府或行业领导机关组织实施的产品鉴定、质量审核、质量监督、质量认证等。

（2）建立有效的质量保证体系。物流质量保证包括内部质量保证和外部质量保证。物流质量保证通常由质量保证部门或者类似的质量评估部门提供，其提供给物流企业及实施企业，或者提供给客户或工作涉及的其他活动。物流质量保证应做到：确定物流质量的目标与标准；为在连续改进的周期中使用与收集数据编制计划；为建立和维持绩效评估编制计划；物流质量审核；提出物流质量改进措施，提高物流企业的效率和效能。

根据物流质量保证的目标，确定物流质量保证的内容，主要包括：制定物流企业的质量标准，制定各种定性定量的指标、规则、方案等质量标准，力求在物流质量管理过程中达到或超过质量标准；制定物流质量控制流程。物流企业不仅需要保证产品的质量，还需要采取措施，保证物流企业所提供的服务让顾客满意。

2. 物流质量保证的方法

（1）提前规划保证物流质量的办法。在做规划的过程中，应该先预想可能出现的质量问题，并提出合理的纠错方案，制定质量保证大纲，并形成相应的标准。

（2）检验保证物流质量的技术。通过检测、试验等手段明确控制质量的结果是否与要求符合。

（3）明确保证物流质量等级以及范围。在保证等级和范围的过程中一定要适度，避免影响物流服务成本。

（4）分解物理质量活动。将与物流质量相关的活动层层分解，分解为最基本的活动，这样有利于管理和控制物流质量。

（五）物流质量管理统计

1. 质量管理统计基础

为追求更好的物流质量，需采用一定的指标衡量物流质量，同时制定物流质量指标。物流质量可从物流时间、物流成本和物流效率三个方面来衡量。服务质量的测定以顾客为中心展开，从内部顾客和外部顾客两个角度来测量物流服务质量。可通过以下方面分析测量物流服务质量：

（1）可感知性。物流服务中的有形部分，如各种设施、设备及服务人员的穿着等。

（2）可靠性。物流企业准确无误地完成所承诺的服务。

（3）反应性。物流企业准确地为顾客提供快捷、有效服务的意愿服务。

（4）保证性。物流服务人员必须具备知识、技能和礼节，这能使顾客产生信任感。服务人员的友好态度和实际操作能力是必备的。

（5）移情性。不仅指物流服务人员的态度，还指企业要真诚地为顾客着想，了解他们的实际需要，为顾客提供个性化服务，使服务过程体贴周到。

2. 数据采集与管理图表

质量管理中的信息可概括为两类：以数据形式表现的质量信息、以非数据形式表现的质量信息。在质量管理的活动中，经常会遇到一些统计数据，如产量、直径、尺寸、重量、化学成分等。

（1）质量数据采集的方法。收集数据的方法有实验法和抽样法。在物流质量管理中，主要采用抽样的方法进行质量数据的采集。即从被控对象中抽取样本，从样本所包含的各个样品中采集质量数据，用以推断被控对象的质量状况或动态。随机抽样主要有以下方法：

①简单随机抽样。简单随机抽样包括抽签法、基数骰子法、随机数表法、

计算机产生随机数法。

②系统抽样。系统抽样包括把控定时法、间隔定量法、系统抽样法等。

③分层抽样法。

（2）质量统计表。质量统计表是对质量管理的各种数据进行统计整理，科学合理地排列在一定的表格上。在结构上，统计表一般由总标题、横行标题、纵栏标题和指标数值四部分组成；在内容上，统计表包含主词和宾词两部分。主词代表的是统计表中的说明对象，说明对象可以是全部的总体单位，也可以是不同单位的名称或总体中的某个组；宾词代表总体的统计指标，主要包含指标的数值和名称。

（3）质量统计图。统计图是显示统计数据的形式，主要通过几何图像或者具体的形象反映数据，可以用来表示不同现象的关系、变化规律、结构方式、依存关系以及地域分布情况等，质量统计图具有直观性，它主要包含直方图、树状图、条形图、曲线图、扇形图等不同的形式化。

3. 物流质量统计分析

（1）物流质量统计分析过程，主要有以下几种：

①统计整理。该阶段包括设计整理方案、审核原始资料、对原始资料进行分组汇总和计算、审核后汇总资料、编制统计图表、进行统计资料汇编。

②统计分组。不同的数据类型有不同的分组方式，其主要目的是划分现象的类型、揭示现象的内部结构及分析现象的依存结构。

③统计汇总。统计汇总的形式主要有逐级汇总、集中汇总和综合汇总，汇总的方式包括手工汇总和电子计算机汇总。

（2）物流质量统计分析方法，主要有以下几种：

①对比分析法。对比分析法是通过各指标之间的对比来解释指标之间的差异，从而发现问题和分析问题，是统计分析最常用的方法。对比分析法主要有实际值与计划值对比分析、本期实际数与上期实际数对比、本期实际数与去年同期实际数的对比、本期与历史最高水平对比、部分与总体对比等。

②结构分析法。结构分析法是通过计算结构相对指标，来分析总体内部构成内容及其变化，以掌握其特点和变化趋势的方法，通常用百分数表示。

再次，分组分析法。分组分析法是将研究对象总体按照有关标志划分成不同性质的若干组，借以了解总体内部结构、认识现象的本质，以便研究和推广经验，发现问题和解决问题。

③动态分析法。动态分析法是分析各期现象的数量表现和数量关系的发展过程，发现其发展的规律并预测其发展趋势的统计分析方法。

④因素分析法。因素分析法是根据社会经济现象之间的客观经济联系，剖析现象发生变动时各个因素的变动及其对总变动影响程度的分析方法，一般有指数分析法、连环替代法、差额计算法及总和因素分析法。

第五章　现代物流管理的发展趋势

第一节　现代物流管理的基本特征

现代物流不仅包括从制造商到最终消费者之间的产品运输，还包括从供应商到制造商的原材料运输，以及从原材料到制成成品的过程中的运输、仓储、加工等内容。

总而言之，现代物流是以满足消费者个性化需求为前提，包含运输、仓储、装卸搬运、流通加工、包装、信息等基本功能，从供应端向消费端流动的经济活动。

一、现代物流的地位和作用

作为生产性服务行业的重要组成部分，物流业的发展水平不但代表了一个国家的经济发展水平，而且为经济发展提供了强大动力。鉴于物流业的战略重要性，国务院将物流业列为十大调整与振兴规划产业之一。这也是服务行业中唯一一个进入国家发展规划的行业。

物流业是国民经济不可缺少的一部分。它包含了运输业、仓储业、货贷业、信息业等多行业、多领域的产业，具有很强的综合服务性。正是因为物流业涉猎宽泛、工作人员众多，它才能成为推动社会生产发展的强大引擎，在拉动内需的同时有效调整社会产业结构，优化经济发展模式，不断增强国民经济综合竞争力。

从微观角度来看，物流业与企业经营存在千丝万缕的关系。其中的有利影响主要表现为以下四点：

（1）创造更多有利价值。物流活动是进行价值创造的活动。

（2）有效节约成本支出。物流业通过合理优化工作环节可以有效避免资源浪费。比如，充分利用社会流通设施设备，减少流通设备和设施的闲置，从而创造更多社会财富；不管是生产场地的选择，还是生产工作环节的设计，都必须考虑所需物流成本，从而优化社会资源配置，降低成本投入；精简流通环节，优化生产周期，增强资金流转频率，提升经营收益比例。

（3）推动销售增长。畅通高效的物流作业可以为销售工作提供有力支持，在提高销售收益的同时减少经营投入。

（4）竞争策略的重要内容。物流部门在企业职能部门中不再默默无闻，而是成为企业经营的一柄利剑,具有重要的竞争战略地位。这主要因为物流服务与人们生活、国家经济发展都存在密切的关系,主要表现为以下几点:

①外部经济利于国民经济发展。物流服务行业的发展水平和运作效率等,对国民经济发展的规模、速度、效率与质量具有直接影响,物流对国民生产总值的贡献可以充分证明这一观点。

②物流直接参与生产和消费过程,可以根据实际情况变化调整市场供需,以确保社会再生产健康发展。物流为人们生活提供了越来越多的便利,最大限度地满足人们的消费需求,提升人们生活质量。

③外部经济不利于国民经济发展。比如,物流作业中造成的交通堵车、汽车尾气等社会环境问题。

除此之外,随着国际贸易的不断发展,物流与国际贸易的关系日渐紧密,两者相辅相成。国际贸易为物流打开走向国际市场的大门,国际物流为国际贸易提供良好的贸易交流通道。因此,物流的国际化是经济全球化的必然趋势,同时物流国际化是经济全球化的重要推动力量。

二、现代物流管理的构成与目的

现代物流管理的目的是满足用户需求,实现产品、服务及相关信息从生产者到消费者这一过程效率与效益的顺逆向移动和存储所进行的计划、执行和控制的过程。从定义看,物流活动范围广,涉及从制造商、配送商、零售商到最终消费者的半成品再到成品整个过程的有效移动。物流管理是为了达到既定的目标,对物流的全过程进行计划、组织、协调与控制。物流管理是从管理角度对物流运作过程的管理活动。

(一)现代物流管理的构成

由于企业组织结构各异,其经营的活动范围也各不相同,因此对物流的要求也不同。当物料在一条供应链中活动时,物流承担物料的运输、仓储等职能,从这个角度看,现代物流管理主要包括以下要素:

1. 物料的购买或采购

通常情况下,供应方发出订单是企业物料流动的开端。这意味着企业采购部门已经完成了企业活动所需物料的输送工作,包括与供应方洽谈合作意向、商定订单支付形式、保险服务和运输安排等。以往这些工作都被归纳在办公室内部采购工作范畴内,但是现在这项工作多被视作密切上游企业关系的重要途径，越来越受企业关注。

2. 现代物流的运输管理

将物品材料由生产地或发货地输送到消费地或者处理地是物流服务行业的一项重要工作内容。为了达成最佳运输目标，运输形式的选择尤为重要，如陆运、水运、空运等。此外，选择实力雄厚、诚信的运输公司、确定承运人、运输路线、车辆安排、配套设施、运价审批、货品安全保障及其他相关事宜的处理安排都是保证如期交货、增加利润的重要保障。

3. 现代物流的仓储管理

仓储管理的重要职责就是从入库到出库的这段时间内，规划好货物存放位置，保管好物品不受损害。货物出入库与存、保、储是仓储管理的重要工作内容。

（1）要保证满足具体交货条件，确保物资运输万无一失，签发相关票据、卸货和盘点物资以确定货损率，将物资送进仓库。

（2）确定物资具体存放区域，采取周全的保护措施，确保物资存储保质保量，以待出仓指令。

依据物资的个性特点，仓储管理要做到"区别对待"。为了保质保量地完成仓储工作，部分仓储物资需要合适的包装保护。同时，为了满足灵活机动的订单发货需求，仓储管理者必须提前规划好物资存放位置。物资所有权、物资存储空间、仓库整体规划及其后续运营皆属于仓储管理的工作范畴。

4. 物料的搬运

物料搬运又被称为物料装卸，指的是在相同场所内，发生于运输、储存、包装前后的物资取存工作。每个物资装卸、运输环节都会投入或多或少的成本，因此要尽力降低运输、装卸频率。选择搬运设备、设备更新维护、设计运输距离、拟定装卸流程、安排存放和分拣环节、错误搬运减损等皆属于物料搬运管理范畴。

5. 物流的包装

物资在一定程度的包装保护下能够更好地度过运输过程。针对运输距离远、运输时间长的国际物流而言，做好物资包装保护尤为重要。选择合适外包装的选择必须能够满足仓库存放要求，适应作业设备，便于运输作业。商品特性、搬运、存储、止损或损坏等是选择包装设计类型、确定包装尺寸、标志等时需要考虑的重要因素。

6. 物流的流通加工

确保产品在流通过程中得到更好的保存或改变物品的原有形态是流通加工的主要目的，主要采用切割、组装等作业方式。除此之外，单位化、价格贴付、备货、商品检验等工作则是为了保证运输过程更顺利。现如今，人们为了提升产品的附加值、增强商品的差异化，越来越重视流通加工。

7. 物流的信息管理

信息流就如同一条丝线，贯穿于物流活动的每个环节，相对应的职能部门传递着产品资料、顾客需求、所需调整的物品、日期、存货标准、可能性、投入成本、服务水平、收益水平等信息。物流经理人不仅是一名物资运输者，还是信息传送者。

物流信息和商流信息共同构成物流信息管理。进入新时代后，物流行业大量吸收先进的计算机和信息通信技术，使物流信息的传输工作得到专业化发展，已经达成了作业流一体化。信息管理需要一系列技术手段支持，如信息收集、数据解析、程序设计管控等。利用先进高效的信息管理技术实现物流信息的快速搜集与高效处理，以确保物流行业的高效健康发展。"物流信息化是一项涉及面很广的复杂工程，对于促进现代物流行业的发展具有很大的积极作用。"[1]

由于外部条件存在差异，因此物流管理有时还需处理其他业务，如某具体企业的物流活动涵盖生产规划、市场预测、客户服务、退货处理等业务。

（二）现代物流管理的目的

现代物流管理的目的主要包括：帮助企业实现物资的高效流通、提高供应链的整体运作效率。人们最开始将注意力专注于达到首要目的，重视他们可以直接把握的物流活动。但是目前人们希望企业可以通过有效物流管理，提高物资的流通效率，进一步达到第二个目的。对于第二个目的的实现，需要企业与货主之间采用更有效的方式实现合作。

管理人员追求物流的高效运转。对于有效的内涵，存在很多理解，如快速运输、少费用、及时应对、避免浪费、提高产品服务质量、少库存、无差

---

[1] 李艺. 现代物流管理中物流信息化优化问题探究 [J]. 中国物流与采购，2022（21）：101.

异、提高员工素质等。虽然这些都是很有价值的现实目标，但不是真正的目的。为了找到物流活动的真正目的，必须将它与企业目标联系起来。

客户满意度是企业成功的重要保证，若企业无法实现客户需求，则根本谈不上获得长远发展及较高利润。因此，企业必须提供能够满足顾客需求的产品。但是，顾客是通过一系列因素来判断是否购买产品的。

例如，当顾客购买一台空调时，需要确定它的功能、外观、购买的容易程度、等待的时间长短、价格昂贵程度，配送的空调规格是否正确、是否有破损，销售员的态度是否有礼貌等。这些因素中的某些因素主要取决于物流活动，如空调的可得性依赖于存货配送的准确性，防止破损依赖于良好的物料处理程序，价格高低也受物流成本的影响。所以，可以依据顾客服务的水平来划分不同阶段的物流目标，以最佳的方式来组织物料的流动，让顾客得到的服务与其支付的费用相平衡，从而实现较高的顾客满意度，实现物流活动的真正目的。

三、现代物流的发展分析

（一）现代物流的发展领域

1. 低碳物流

随着二氧化碳排放日益增多，臭氧层破坏，气候问题越来越严重，全球开始兴起低碳革命，人们逐渐进入低排放、低污染、低能耗的低碳生活方式。低碳物流成为物流发展的新热潮。物流必须走低碳化道路，着眼于发展绿色物流服务、低碳物流和低碳智能信息化，只有这样才能促进物流行业向高端服务业发展。然而，如何让企业真正认识到低碳物流的作用、了解低碳物流的发展前景、如何根据企业实际情况制定合理的低碳物流行业标准，是低碳物流贯彻落实面临的重要问题。

2. 物流金融

物流金融是指在物流企业的运用中，通过开发和利用多种多样的金融产品，有效地规划与协调物流活动中资金流动的运动。这些资金运动包括在企业进行物流活动中的各种存款、贷款、投资、信托、租赁、抵押、贴现、保险、有价证券发行与交易，以及金融机构所办理的各类涉及物流企业的中间业务等。

3. "互联网 + 物流"

"互联网 +"是一种充分发挥互联网在优化生产要素配置方面的优势，将互联网的创新成果运用到各个经济领域中的新经济状态。"互联网 + 物流"是将互联网与物流企业协调发展的新的物流模式，它能够重构物流价值链，促进供应链上下游企业信息共享、资源共同配置、流程协同优化。它能够帮助企业充分认识顾客需求，为顾客提供及时的物流服务，达到提高物流效率和顾客满意度的目的。

4. 众包物流

众包物流是一种全新的、社会化的物流服务模式，指公司或发包方利用网络平台将物件或物品派送任务外包给不固定的、具有闲置时间和劳动能力的社会大众群体。它是共享经济环境下依托互联网出现的新兴物流模式，能够降低物流配送成本，提高物流配送效率。与传统物流模式相比，众包物流具有获取外部知识迅速、配送过程灵活的优势。

（二）我国现代物流的发展方向

1. 需求扩张与结构调整

需求扩张不仅仅只抓住"量"这一个点，更多的是体现在对"质"的追求。经济发展方式需要尽快得到转变，由只依靠第一产业带动变为第一、第二、第三产业协同带动，经济发展热点地区在国际上由发达国家向发展中国家转移，国内由东部沿海向中西部转移。这些变化都会极大地促进物流产业结构调整。

2. 企业物流社会化与专业化

由于物流需求与物流成本相继增大，因此许多企业逐渐认识到物流的战略性属性，选择将物流业务外包的行业开始不断向上游企业扩展。企业更加注重物流系统化运作，物流外包趋势不断加强。企业与相关物流企业的合作进一步深化，形成战略联盟，物流社会化趋势进一步加强。

物流专业化趋势日益显现，许多企业都在试图通过一系列努力来不断完善企业自身的供应链系统，力求形成一个具有快速反应、符合企业经营要求的专业化物流系统。一些大型企业在追求一个与经营业务合理配套的物流系统时，开始设立地区品牌连锁店。目前，第三方物流依旧面临着许多挑战，高质量物流服务的需求增加，对于不同的企业需求，第三方物流企业需要做出不同的回应，针对不同企业的差异化需求给出合适的解决方案。

3. 物流企业分化与个性化的趋势

满足企业的差异化需求需要不同的物流服务模式。物流企业通过改革重组，其服务需求明显得到集中。大多数时候，基础物流服务的需求一般不多，但是随着物流企业间的重组联合，物流系统化、一体化程度不断提高，越来越多的企业开始提出个性化物流需求。

随着服务的专业化整合与创新，物流企业的发展越来越具有个性化的特征。传统的简单低层次服务的获利空间不断被挤压，与此对立的是高端增值型服务，以及针对客户的不同需求而提供的差别化服务拥有更好的发展前景。许多企业开始追求供应链的专业化运作，促进与上下游关联企业的协同发展。物流企业要树立良好的企业形象，转变其经营的集中点，以满足顾客需求为基本原则，有针对性地为客户提供合适的高端增值业务。

第二节 绿色物流与冷链物流

一、绿色物流

（一）绿色物流的内涵

绿色物流是一个多层次概念，其本质上属于经济管理活动，包括社会对绿色物流的规范、控制、管理，以及企业的绿色物流活动等。其存在的意义在于，以降低对环境的污染、减少资源消耗为目标的前提背景下，突破时间和空间层面的局限，快捷、有效地将绿色需求主体与绿色供给主体连接，使整个经济管理活动过程更加环保，且更好地满足于顾客需求。就目前来讲，绿色物流活动的涵盖范围相对宽泛，既包括单向的如绿色包装、绿色流通加工、绿色运输等绿色物流作业，又包括废弃物循环物流等可实现资源再利用的循环物流。

（二）绿色物流的特征

1. 学科交叉性

绿色物流不是凭空出现的物质，是环境科学、生态经济学、物流管理三个学科的交叉产物。由于世界人口迅速增长，加上资源的不合理利用及因忽略环境问题过分片面追求经济增长，以至于环境问题日益凸显，但随着网络化信息技术的快速发展，物流行业开始出现，注定了物流活动与环境之间会产生交集。因此，在对社会物流和企业物流进行探究的过程中，一定要考虑环境和资源问题。此外，经济系统与生态系统间相互作用和影响的关系，使得生态系统对物流的经济系统的子系统也产生了一定影响。在对绿色物流系统管理、决策、控制进行研究时，要将环境科学、生态经济管理学理论运用在内。由此可见，基于学科交叉背景下的绿色物流研究内容十分丰富，且相对复杂。

2. 多目标性

企业物流活动往往不是单一的系统，而是一个多目标系统。企业物流活动需要在顺应时代发展的基础上满足发展战略目标的要求，这就是绿色物流具有多目标性的原因。目前企业物流活动的主要目标为增加企业经济效益、保护消费者利益、保护生态环境、推动社会发展。然而，绿色物流中的各目标之间有着一些微妙的联系，它们相互矛盾、相互影响、相互制约。简单来讲，当众多目标中的一个增长，那么另一个甚至几个都会下降。因此，如何使多目标处于平衡状态，是绿色物流目前急需解决的问题。就可持续发展层面来看，只有保证了生态环境的效益，才能为多目标同处平衡状态提供更多且更长远的可能。

3. 多层次性

绿色物流的多层次性体现在以下方面：

（1）从绿色物流系统层面来看，多个单元或多个子系统构成了绿色物流系统，其中包括绿色仓库子系统、绿色包装子系统、绿色运输子系统等。根据空间和时间的特征，可以将这些子系统划分不同层次。也就是说，子系统实际上也有层次结构，且不同层次的子系统之间通过相互作用、相互结合构成了有机整体，从而将绿色物流系统的终极目标实现。

（2）从绿色物流管理和控制主体层面来看，绿色物流活动可被分为三个层面，即社会决策、企业管理、作业管理。三个层面的作用和分工各不相同，社会决策层的作用在于，用法律和政策手段向企业传播绿色观念，并约束和指导企业物流战略；企业管理层的作用在于，根据企业的战略计划和特点，与其他企业合作，对企业绿色物流系统进行共同的探究、规划、管理，从而建立资源可循环物流系统；作业层的作用在于，将物流作业绿色化，如绿化包装、绿化物流、绿化流通加工等。

（3）从外部环境层面来看，绿色物流系统依赖于外部环境的发展，外部环境包含的内容十分丰富，即对绿色物流的实施起到约束和推动作用的法律法规、文化环境、人口环境、资源条件、政治环境等。

（三）绿色物流的发展途径

绿色物流管理作为当今经济可持续发展的重要组成部分，对经济的发展和人民生活质量的改善具有重要的意义。无论政府有关部门还是企业界，都应强化物流管理，共同构筑绿色物流发展的框架。

1. 强化监管，制定政策法规

由于绿色物流会涉及很多与环境相关的问题，所以政府需要给予更多关注和参与，必要时可采取一些政策、法规等手段加以规范，确保企业绿色化能够顺利进行。可以明令禁止非绿色物流的行为，特别是对在物流活动中会对环境产生污染的物质加以控制，如运输工具排放出来的废气、产品加工过程中排放出来的污水、用于包装产品的一次性包装袋等。

此外，政府可以给予物流企业奖罚政策，如对绿色物流环境保护指标达标的企业给予资金、牌匾、评级等奖励政策。对于没有达标的企业，予以罚款、叫停生产等惩罚。这样可以让企业深刻了解到自己的社会责任和义务，且为企业的发展提供更多可能，在促使绿色物流建设的同时，推动了循环经济的顺利发展。

2. 转变观念，树立全员参与意识

（1）对于工商企业而言，要引导工商企业打破原有传统物流活动经营组织模式，转变"环保不经济、绿色等于消费"的观念，鼓励实施物流外包，选择第三方物流服务。将眼光放长远，从企业和社会的可持续发展角度看问题，树立集体协作、节约环保团队精神。节约资源、减少废物、避免污染才是企业实现可持续发展的根本所在。

（2）对于消费者而言，通过推广、宣传绿色的消费理念，能够逐渐改变人们在衣食住行各个消费领域中的观念。使消费者能够自觉选择有利于保护环境和节约资源的消费和生活方式，如节水、垃圾分类回收、节能、减少一次性产品的使用等。

3. 实施绿色营销战略

绿色营销是以常规营销为基底，可持续发展为目标，强调将消费者需求、企业利益、环保利益结合起来的高级社会营销活动。在为消费者提供生产、流通、消费过程中，防止资源的浪费、环境的污染以及对健康不利的产品等问题出现。对于绿色营销战略的实施，企业可以通过自身绿色形象的树立来提升在国际市场环境中产品的竞争力。此外，企业本身就承担着社会责任，对公众的消费行为有一定的引导和强化影响，所以绿色营销策略的实施，可以有效促进绿色产品市场的开拓。

二、冷链物流

冷链物流是物流活动的高端细分领域，较之常温物流，具有更高的复杂性和技术性；因其活动对象的特殊性，又具有重要的经济和社会意义。

（一）冷链物流的特点

冷链物流是以保证低温物品品质为目的，以保持低温环境为核心要求的供应链系统。与一般常温物流相比，冷链物流需要特殊装置，且必须注意时间、运送过程、运输方式的选择和控制，是物流成本占总成本比例非常高的一种特殊物流形式。冷链物流主要有以下特点：

1. 系统性

冷链物流属于物流运输中的复杂系统工程，其运作过程中涉及的环节颇多。冷链物流在生产、存储、运输产品过程中都始终处于低温条件，以此确保产品的新鲜度。由于产品在冷藏的过程中，对储藏和流通时间以及自身的耐藏性都有不同的需求，因此不同产品在流通过程中要有针对性地选择和调控温度环境和储存空间。

2. 协调性

温度控制是实现冷链的基本保证。冷藏和冷冻食品需要完整的冷链物流，这样就可以在整个过程中对温度进行实时监控和调控，从而确保食品的品质，将运输过程中的损耗降至最低，以确保食品安全，其中包括装卸货物、存储货物、运输货物等所有环节，缺一不可。如在储存环节，库房应当根据产品所需的温度进行调试；在运输环节，车内需要处于低温状态；在销售环节，店内冷藏柜的温度需要根据产品需求调试。这是一个完美的控温链条，如果其中的任何一个环节没有控制好温度，就形成了断链，产品会变质。所以全程温控是实现冷链的关键。

3. 全程温控

冷链物流是由多个环节组成的跨部门有机结合体。其中，多环节指的是原料采购、加工、流通、配送、销售等，那么就组成冷链物流的环节颇多，相应的部门也就很多。各部门之间存在一定的交集，在结合的过程中要保证协调性、组织性和紧密性，从而给予冷链物流较强的技术和团队支持。

4. 成本高昂

由于冷链物流输送的货物相对特别，所以在投资方面更是普通物流的3到5倍。这个倍数主要来源于冷库建设和冷藏车。

为了保证产品的新鲜度，在运输的各个环节都需要保证温度和湿度的适中，所以会耗费比普通物流更多的水、电、油等费用。冷链物流的运作与能耗成本有着十分密切的联系，有效控制运作成本是实现冷链物流可持续发展的重要手段。

（二）冷链物流的关键技术

1. 运输配送技术

（1）航空冷链运输。航空冷链运输速度较快，不仅可以在较短时间内将食物送至目的地，还能确保食物的新鲜度，不同地域之间的食物配送也非常方便。由于航空冷链运输的装载多以冷藏集装箱为主，尺寸需要符合航空集装箱要求，多使用小型冷藏集装箱，能够装载的物品较少，加上受天气影响比较大，成本高，特别是冷藏货物在进出机场时，还需要有专业人员和专业运输方式加以配合，因此主要用于运输易腐烂、价值高、对时间要求严格的小批量货物。

（2）水路冷链运输。水路冷链运输适合大宗货物运输且运输量较大，运费相对较低，对货物的适应性强，具有较好的通达性。运输过程中使用的装载工具一般为冷藏船和大型冷藏集装箱等。但由于水路运输需要靠近水道，且整个运输过程是在水中，因此灵活性较差，且运输时间长、速度过慢。

（3）铁路冷链运输。铁路冷链运输具有较强的连续性和准确性，成本比航空要低得多，且运输几乎不受气候影响。铁路地区覆盖面广，适应性强，不仅运输量大，运输的速度也比较快。铁路冷链运输使用的装载工具主要是冷藏车和冷藏集装箱。但铁路冷链运输也存在一些小不足，如受运营时间、站点、铁轨等因素影响，灵活性相对较差，多用于长途运输。

（4）公路冷链运输。公路冷链运输可以做到"门到门"一体化全程服务，由于其主要运输装载工具是冷藏汽车，所以具有较强的灵活性，相对于航空冷链运输价格明显偏低，是冷链运输中最普遍也是最主要的运输方式。由于冷藏汽车的体积比较小，所以对运输的货量和货物的大小有一定要求。

2. 信息技术和监控技术

冷链物流企业为了在激烈的市场竞争中获得一席之地，不得不在降低物流成本的前提下，加快物流速度、提高服务质量和管理水平，且采用多元化先进信息技术。

（1）射频识别技术。射频识别技术又被称为无线射频识别技术，是自动识别技术的一种。其工作原理是将带有信息数据的媒体通过无线电波的形式读写并自动输入计算机中。温度监测是冷链物流管理中十分重要的环节，为了确保整个供应链符合冷链的要求，大多数冷链物流管理中都会引入射频识别技术，以便于控制和监测温度。射频识别技术会对产品的生鲜度、品质进行实时监控和管理，并将监测到的信息内容传送至计算机设备中，相关工作人员可以查找监测和控温数据等，以确保整个供应链能够顺利运作。

（2）GPS。目前物流中的 GPS 技能主要通过汽车来实现。车载 GPS 通过短信将卫星定位信息通过 GSM 网络发送给第三方。短信电文由计算机设备解读，车辆位置会被显示在电子地图上。此外，车载 GPS 还具备防盗报警功能，可将防盗报警信息发送至第三方。

第三节　电子商务物流管理

一、电子商务的特点与分类

（一）电子商务的特点

电子商务实质是一种采用先进信息技术的买卖方式。交易各方将自身的各类供求信息按照标准的格式要求输入电子商务网络，电子商务网络根据客户的需求，搜寻相关信息，并将多种买卖选择提供给客户。客户确定后，就可以安排合同各项事宜，以及收付款、产品运输交易等流程。这样，卖方就能够以较高价格出售商品，买方也能以较低价格买入原材料和商品。

电子商务实质是一个用来进行虚拟交易的市场交换场所。电子商务跨越时间、空间界限，可以及时为客户提供各种优质服务，包括产品需求量与供应量和交易各方的具体资料等，让交易各方便于分析市场，更准确地掌握市场发展方向。

从商务和现代信息技术角度理解电子商务。电子商务里的现代信息技术包含了各类以电子信息技术为基础的通信方式。另外，商务从宏观理解，包括契约型或非契约型的所有商务性关系所导致的各类活动。

电子商务并不单指将商务进行电子化。电子商务包括很多方面，包括公司前台业务电子化、后台所有工作体系的电子化与信息化，以及改善调整公司的业务经营活动。简而言之，真正意义上的电子商务是指以公司整体系统信息化为主，利用电子方式对公司的一系列物流流程进行全面、系统的指挥。

（二）电子商务的分类

1. 按照交易对象分类

（1）B2C 电子商务。B2C 电子商务是企业与消费者之间的电子商务，就如同联机服务中的产品交易过程，将零售电子化、网络化，通过计算机网络提高顾客直接参与度。如今，网络上到处都是各类商业活动中心，其不仅提供鲜花、书籍等日常所需，还有计算机、汽车等各类产品及各种各样的服务。

（2）B2B 电子商务。B2B 电子商务是指企业与企业之间的电子商务。B2B 分为特定公司间的电子商务与非特定公司间的电子商务两个不同种类。非特定公司间的电子商务是指公司会在一个开放的网络平台中寻找最佳交易伙伴，然后进行交易。非特定公司加入该网络是有要求的，需要这些产品的公司才符合要求。换言之，仅限于某个市场或行业的公司，它不会把交易的持续性作为出发点，这与特定企业间的电子商务是不一样的。特定企业间的电子商务存在于有着持续交易关系或未来要保持交易关系的公司之间，它们有着一致目标，能够实现共同合作，进而提高双方的经济效益，优化公司管理系统。公司还可以利用网络向合作人提供一系列高质量的交易流程。在此领域，B2B 已经运行多年，有着充分经验，特别是利用专用网络或增值网络上运行的电子数据交换。

（3）B2G 电子商务。B2G 电子商务就是企业和政府的电子商务，涉及企业和政府机构间的各类事务活动。另外，政府组织征收企业税也可以通过B2G实现。如今此系统被运用得还不多，但在政府组织的推动下，B2G必定会得到迅猛发展。

2. 按照商务活动内容进行分类

按照商务活动内容，电子商务分为间接电子商务和直接电子商务。间接电子商务是指现实商品的交易，所以还是要依靠常见的快递运输配送手段进行商品货物的配送；直接电子商务是指虚拟的、无形的商品交易，如网络软件、网络信息服务等。一个公司往往都经营着直接和间接电子商务，能够增加公司的经营成果。间接电子商务对运输配送环节依赖性较强，而直接电子商务可以让交易双方超越空间直接进行交易活动，最大限度开发全球市场的消费潜力。

二、电子商务物流的特点与作用

电子商务物流也叫网上物流，是基于互联网技术，旨在创造性地推动物流行业发展的新商业模式。物流公司利用互联网，可以被更多客户知晓并与之进行联系，进而能在全国甚至全球范围内开展企业活动；工厂也可以更快地找到最佳性价比的物流企业。电子商务物流把全球有物流需求的客户，以及可以提供物流服务的物流企业都集中在网络上，组成一个自由的网上物流交易市场，方便交易双方进行贸易活动。

（一）电子商务物流的特点

1. 信息化

信息化是电子商务的基石。物流信息化是指实现物流信息电子化，以及物流信息存储的数据化与标准化等。数据库技术、条码技术、电子订货系统、电子数据交换、快速响应机制、有效客户反应机制等先进的技术与理论都将会被广泛应用到物流行业中。如果没有信息化，那么不管拥有的设备技术多么先进高端，最后都不可能将其运用到物流活动中。

2. 自动化

自动化的最大特点是实现无人化，节省人力；此外还可以增强物流活力、实现劳动生产率的提高、尽量降低人工误差等。物流自动化设备很多，如条形码、语音、射频自动识别系统、自动分拣与存取系统、自动导向车、货物自动跟踪系统等。

3. 网络化

物流网络化有两个内容：物流系统的电脑通信网络，通过网络平台与交易各方进行联系，如物流配送中心向供应商发出订货通知，便可借助计算机通信手段，还可借助增值网上特有的电子订货系统和电子数据交换技术；组织的网络化，即企业内网。

4. 智能化

在进行物流活动时，会存在大规模的信息、决策等需要及时进行处理，如控制好仓储问题、如何正确选择运输手段、掌握自动导向车运行、高效使用自动分拣机、配送资源优化等，这些都要依靠智能化与信息化解决。所以说，只有依靠物流智能化，物流总体自动化才能得到实现。现今，全球智能机器人等有关技术已有了较成熟发展，在今后电子商务公司的物流发展过程中，物流智能化将会大放异彩。

5. 柔性化

生产柔性化是为了实现顾客至上的原则。实现生产柔性化，就意味着要时刻关注客户的需求变化，进而以此为依据来调整生产环节和服务。在生产环节广泛应用的弹性制造系统、计算机集成制造系统、公司与生产制造资源规划，以及供应链管理的理念、技术等，将生产与流通环节进行集成，根据顾客所需进行生产，确定相应的物流流程，被称为新型柔性化物流模式。物流配送中心也要确定对应的配送方式，灵活开展配送工作，体现顾客对产品需求"品种全、批量小、批次多、周期短"的特性。

（二）电子商务物流的作用

1. **物流是生产过程的保证**

（1）供应物流以采购原材料为出发点，只有采购好所需材料，才能为生产运行提供保障。

（2）不管是原材料还是半成品，生产物流都一直存在于生产各环节。

（3）回收物流将生产环节中的剩余材料与尚可利用的材料一一回收。

（4）废弃物物流就是对生产环节中的废弃物进行处理。

2. 物流服务于商流

商流的最终结果是将产品所有权从供应者移交到需求者。实际上，在签订合同后，产品实体并没有实现实时转移。顾客在网上购物，进行了交易，这只是出现了产品所有权的交付过程，直到客户实际上得到其所需产品或服务时，才意味着产品所有权转移的结束，即交易的结束。物流服务于商流，物流服务于产品交易，电子商务离不开物流，二者相辅相成。

3. 物流是实现顾客至上的保障

电子商务满足了消费者对购物便利的需求，顾客只需打开网络，搜寻与挑选想要的商品。物流是电子商务实现"顾客至上"准则的保障，离开了先进的物流技术，电子商务根本无法给顾客购物带去便捷。

电子商务是网络时代一种新型的交易方式，是传统交易方法的延伸发展。不过，电子商务只有依赖先进的物流技术，才能体现出它的优势和先进性，才能确保交易双方得到满足。因此，要发展电子商务就必须全力推动现代化物流的发展和完善。

三、电子商务下物流业发展的优化措施

"现阶段，我国的电子商务环境下的物流发展已取得了显著进步，同时也面临着更大的机遇和挑战。"[1]

（一）积极发展现代物流产业

实际上，国外相当重视现代物流产业，甚至将其作为促进国民经济发展的主要动力。因此，我国要将物流资源进行优化配置，实现物流系统的集成重组，以此来加快物流产业的发展步伐。

第一，随着国民经济的不断发展，可利用的物流资源量较大，可尽量提高资源利用率，促进物流业从传统物流向现代化物流转型，从而实现国民经济的增长。

第二，立足实际，合理配置物流资源，运用先进的科学技术进行物流行业的重组与优化，振兴现代物流行业，使其更具生命力与创新力。

第三，把现代物流产业作为推动国民经济发展的重要产业，也要求政

---

[1] 贺宏宇，赵翰臣，金鑫泽，等．浅析我国电子商务物流发展现状及对策[J]．广西质量监督导报，2021（6）：200.

府为物流产业提供经济与政策方面的支持，升级物流基础设备，加大研发力度，促进物流产业成长为新的经济增长点，为其在新兴行业领域立足提供有力保障。

（二）加强运输和保管

由于运输是构成物流服务的关键要素，因此政府组织应加大对交通基础设施建设的投资，以此来缓解交通拥堵问题。大企业可将公司的运输业务外包给专门从事运输的组织，进行联合运输和托盘化运输，降低企业运输费用，同时也能满足顾客对于快捷到货的需求。

企业引进更为先进的库存管理技术，如资源需求计划和准时生产方式等，有利于提高服务水平，提升仓储管服务水平，减少库存率及提高公司的投资回报率。大企业还可以把自身传统仓库改造成配送型仓库，方便满足客户需求，提升公司竞争力。另外，物流服务应具有社会属性，物流服务只有在给客户进行服务、给公司创造经济利益、给社会造福时才能被称为真正的公司战略性竞争方式。只有这样，物流服务才会存在蓬勃生命力和竞争力，从而拉动企业的发展，推动社会可持续性发展。

（三）合理安排物流服务

物流服务有着成本费用的限制，合理安排物流服务十分重要。按照所销售的产品进行物流服务的分配，为普通产品与战略产品提供不同的物流服务。对于产品发展前景较好的"明星商品"，应借助水平较高的物流服务来加大商品销售量；而对于普通商品，则只维持当下的物流服务水平，稳定其销售量；对于存在明显缺点的商品，公司不仅要引起重视，更要及时进行分析，给出解决措施，总结经验；对于处于衰退期的商品，没有发展前景，公司可以将其放弃，退出市场竞争。

（四）进行物流信息系统的创建

物流信息系统管理包括对物流系统软件、硬件及系统的管理，是应用电脑技术与通信技术来进行的物流活动的集合。信息网络技术是现代物流的基础，如利用信息传递，与顾客、制造商及供应商等进行资源共享，有利于对物流各个流程进行实时跟踪，实现合理控制和有效管理。建立科研团队来进行技术研发工作，实现高效有序的信息管理，建立数据库信息系统，有效处理大量数据；加快物流信息处理速度，确保信息时效性，及时制定工作流程和工作方案；学习国外先进的物流管理技术，结合国情，加大研发适合的服务标准力度。

（五）加大电子商务物流管理理论研究及重视培养人才

有关部门要在科学系统的指导下，立足于系统发展的基本要求，加大对系统化管理技术的研究力度，推动我国物流业蓬勃发展。政府组织要利用相关科研教育单位的专业知识，对企业物流、社会物流的技术、经济、管理等方面进行一系列全面研究。在有关院校进行物流管理相关技能知识的宣传活动，尽可能地培育出具有综合物流管理能力的专业人员，同时积极参与国际物流交流会议。加强与其他国家之间的物流协同合作，学习借鉴国外先进的物流管理知识，吸纳具有创新性的物流科学技术，加强合作意识，在电子商务迅速发展的条件下，实现物流管理理念与人才培育的共同发展。

第四节 供应链及其管理路径

一、供应链的设计与策略

现代社会，人们的生产及生活所需的物品，都要从最初的原材料生产到零部件加工，再到产品装配和分销，最终才能进入市场。在这个过程中，既有物质形态的产品，又有非物质形态（如服务）产品的生产。它涉及原材料的供应商、制造商、销售商、运输服务商及最终用户等多个独立的厂商和其相互之间的交易，并因此形成物流、信息流、资金流和服务流，直至送达消费者。供应链的驱动因素之一是客户的需求，供应链都是始于客户需求，然后逐步向上延伸的。

（一）供应链设计步骤

1. 分析市场竞争环境，要"知彼"

该步骤是为了找到针对什么样的产品设计出的供应链才能有效运行。为此，应充分掌握当前消费者的需求。通过调查卖主、竞争者及消费者来分析当前市场的特征，并通过分析消费者的实际需求、消费者在市场中所占的份额等问题，来了解消费者的实际需求。

2. 分析企业现状，要"知己"

该步骤是分析企业供需管理的现状，目的是研究出企业供应链的开发方向，并找出企业的问题和阻碍供应链设计的各种因素。

3. 提出供应链设计

在充分了解企业产品的基础上，根据供应链的可靠性与经济性，提出供应链设计的目标。目标的设定要能够均衡提高服务水平与降低库存投资目标间的关系，同时又不能忽略提高客户满意度、提高效率、降低成本、保证质量等目标。

4. 建立供应链设计目标

其目的是使高服务水平和低投资成本目标得到均衡，当然还要实现这些目标：进入新市场、开发新产品、开发新分销渠道、改善售后服务水平、提高客户满意度、降低成本、通过降低库存提高工作效率等。

5. 分析供应链的组成

通过分析供应链是由什么组成的，描绘出供应链的基本框架。供应链不仅由制造商、供应商、分销商、零售商、用户等成员组成，同时还包括供应链成员的选择与评价的标准。

6. 分析和评价供应链设计可能性

它是开发和实现供应链管理的第一步。结合企业与供应链联盟内的资源情况，对供应链设计进行可行性分析，然后向供应链的开发者提出一些建设性的意见和技术支持。若能够正常运作，则可以继续进一步地设计；若不能正常运作，就要返回上一步或者从头开始设计，调整企业或建议用户，更新产品设计。

7. 设计和产生新的供应链

各企业必须参与到供应链的设计中，以保证供应链的有效运行。该步骤主要包括供应链的组成设计、原材料的来源分析、生产设计、分销任务与能力设计、信息管理系统设计、物流管理系统设计等。

8. 检验新供应链

在设计好供应链之后，需要对新的供应链进行试运行测试，以便确定供应链能否有效运行。如果测试结果有问题，就要返回第四步进行重新设计；

如果能够正常运行,就可以开始进行供应链管理。

9. 完成供应链设计

供应链的实施需要综合核心企业的协调、控制和信息系统的支持,把整个供应链串联成一个整体,实现从工业设计到配送的整个过程的供应链控制与协调。

(二)产品生命周期与对应的供应链策略

1. 引入期

(1)引入期的特征包括:企业不能精准地预测需求,会进行许多促销活动;客户订货不稳定且批量小,可能需要以补贴销售作为条件使零售商同意储存新产品;新产品有极大可能还没被市场认同就已经失败。

(2)引入期的应对策略包括:供应商也作为新产品的设计与开发者;在产品还未进入市场时就应确定有效的供应链;避免缺货的发生;避免生产环节和供应末端的大量储存;时刻保证高度的物流灵活性和产品可得性;采用安全追踪系统,实时跟踪监测每个环节,对于有问题或有安全隐患的产品,应及时清理;供应链各环节的信息共享。

2. 成长期

(1)成长期的特征包括:市场需求的增长进入稳定期、营销渠道简单明确、其他企业的竞争性产品流入市场。

(2)成长期的应对策略包括:通过批量生产降低成本;以战略性的顾客服务承诺来吸引顾客;通过分析找出该产品的主要消费者,提供高水平服务;与供应链中的各成员相互合作,增强产品的市场竞争力;实现服务与成本的合理化。

3. 成熟期

(1)成熟期的特征包括:竞争加剧;增长速度减慢;如果缺货,很容易被其他竞争产品代替;市场需求趋于稳定,能够比较准确地预测市场需求。

(2)成熟期的应对策略包括:建立企业自己的配送中心;建立网络式销售渠道;将送货外包给专业的物流企业以降低供应链的成本;实施延期制造和消费点制造,提高服务质量;最大限度地降低成品库存。

4. 衰退期

（1）衰退期的特征包括：市场需求急剧下滑、价格下降。

（2）衰退期的应对策略：对提供配送服务与否和提供服务的程度进行评价，根据市场的变化对供应链进行调整。

二、供应链管理与实施

（一）供应链管理的内涵

1. 供应链管理的基本内涵

（1）强调核心竞争力。为了实现横向一体化，要充分了解、掌握企业的核心资源并加以利用，从而提高企业的核心竞争力。

（2）资源外用。强调把非核心业务外包给第三方的合作企业，并以此建立与第三方企业的战略联盟关系，以充分利用双方的资源。

（3）合作性竞争。与曾经的竞争对手握手言和，建立战略联盟关系，合作开发与设计，共享成果。将非核心业务外包给供应商，双方进行合作。

（4）以顾客满意度为目标的服务化管理。上游企业在为下游企业提供物料之余，还要考虑如何以最低的成本来提供最优质的服务。

（5）流程的集成。供应链管理涉及商流、物流、信息流、资金流、组织流、工作流、价值流等。它强调必须将这些流动对象及流程集成起来，要想实现供应链企业协调运作的目标，必须实现跨企业流程集成化。

（6）借助信息技术实现管理目标。借助信息技术实现管理目标是宏观信息流管理的先决条件。

（7）多关注物流企业的参与。物流在供应链中的地位不言而喻，缩短物流周期的作用比缩短制造周期更大。

（8）延迟制造原则。延迟制造原则使企业能充分满足最终用户的需求，保持整个供应链上的企业联动起来，实施同步化运作，实现无缝连接，提高企业的柔性和顾客的价值。

2. 供应链管理的核心理念

供应链管理倡导的核心理念，可以归纳为以下方面：

（1）从纵向一体化管理转向横向一体化管理的理念。

（2）从职能管理转向流程管理的理念。

（3）从产品管理转向客户管理的理念。

（4）从企业间交易性管理转向关系性管理的理念。

（5）从物质管理转向信息管理的理念。

（6）从零和竞争转向合作竞争的理念。

（7）从实有资源管理转向虚拟资源管理的理念。

（8）从简单的多元化经营转向核心竞争力管理的理念。

（二）供应链管理的特点

1. 基于流程的集成化管理

以流程为基础，贯穿于供应链的全过程。集成包括管理的思想集成、组织集成、手段集成、技术方法集成及效益集成等。集成的目的是消除部门间和企业间的障碍，从而使供应商的物流与用户需求协同，提高服务水平和降低库存，最终目的不仅仅是节点企业、技术方法等的简单连接，而是使整个供应链产生的价值最大化，避免缺乏沟通与协调及各自为政、分散片面等弊端，实现聚合效应。

2. 全过程的战略管理

供应链组成要素构成网链结构，使产品的各个阶段、各个环节不再独立，而是紧密地凝成一个有机整体。供应链中成员企业的职能目标之间存在着利益冲突，在这种情况下，企业的顶层领导必须清楚地了解到供应链管理的整体性和重要性，知道要想实现供应链的管理目标，必须运用战略管理的思想。

3. 提出了全新的库存观

在传统的库存观中，库存是维持生产和消费必不可少的环节。减少或增加库存只是在一个大市场中的库存转移，但其库存总数实质上是没有变化的。

在供应链管理的环境下，由于供应链上各企业结成了业务伙伴，因此总体库存能够得到很大程度的降低；同时通过信息共享，以信息取代库存，大大降低了实际库存的总量。

（三）供应链管理的内容

供应链管理涉及生产计划、供应、物流和需求四大领域。供应链管理是以同步化、集成化生产计划为指导，以各种技术为支持，尤其是以网络为依托，围绕供应、生产作业、物流、满足需求来实施的。在生产计划、供应、物流、需求四大领域的基础上，供应链管理还可以划分出职能和辅助两个领域。采购、生产控制、库存管理、仓储管理、分销管理及产品工程和技术保证等都属于职能领域的范畴；而辅助领域则主要包括制造、设计工程、客户服务、会计核算、人力资源和市场营销。

（四）供应链管理方法的实施

1. 快速反应的实施

快速反应是通过零售商与供应商的联合而进行的一种策略。快速反应策略的实施应该从以下方面着手：

（1）改变传统经营方式，革新企业经营理念。企业要想改变仅靠自身能力提高企业经营效率的传统经营方式，就应树立与供应链上的成员结成战略联盟，通过掌握各合作伙伴的重要资源来提高企业经营效率的现代经营理念。

零售商要占据快速供应系统的主导地位，店铺是快速供应系统的初始点。

在快速供应系统内部，把销售时间数据等信息进行共享与互换，提高企业工作效率。

确定快速供应系统中各企业的合作形式与范围，设立高效的合作框架。

改变传统事务作业的方式，要使事务作业实现自动化与无纸化，必须采用信息技术。

（2）开发和应用现代信息处理技术。商品和物流条形码技术、销售时点数据读取系统、预先发货清单技术、供应商管理库存、连续补货及电子订货、数据交换和支付系统等都属于现代信息处理技术。

（3）与供应链各成员结成战略联盟。结成战略联盟，需要做到两点：一是主动搜寻并了解合作伙伴；二是与各合作伙伴达成分工协作共识，建立合作关系。结成联盟的目的是减少企业库存，同时避免缺货及降低价格，缩减工作人员，简化工作等。

（4）积极进行信息交流和共享。应改变隐藏企业信息的传统观念，与合作伙伴共享各种信息，与之共同发现、分析并解决问题。

2. 高效客户反应的实施

高效客户反应，起始于食品杂货分销，是分销商和供应商为消除系统中不必要的成本和费用，给客户带来更大效益而进行密切合作的一种供应链管理方法。

（1）为变革创造氛围。绝大多数情况下，改变对供应商或客户内部的认知是高效客户反应中最难的环节，它耗费的时间相对较长。企业要想创造高效客户反应的最佳氛围，其高层组织领导必须具备言行一致的态度和强有力的手段，同时要对员工进行优质的教育，不断完善通信技术和设施，革新工作措施和回报体系。

（2）选择初期的同盟伙伴。对于刚采用高效客户反应的企业而言，一般结成2～4个的初期同盟最为合适。结成同盟的第一步就是开会，要求各职能区的高级同盟代表参会，在会上讨论并敲定实施高效客户反应的具体方案。成立2～3个的联合任务组，主要从事现已证明的具有极大收益的项目。

（3）开发投资信息技术项目用以支持高效客户反应。尽管不需要对信息技术进行较大的投资就能得到大量收益，但是企业要想具有更强的竞争力，必须拥有过硬的信息技术能力。具有很强的信息技术能力的公司要比其他公司更具有竞争优势。

参考文献

[1] 张丽青. 物流管理 [M]. 北京：中国中医药出版社，2018.

[2] 王柏谊，王新宇. 物流管理 [M]. 哈尔滨：哈尔滨工业大学出版社，2016.

[3] 平海. 物流管理 [M]. 北京：北京理工大学出版社，2017.

[4] 师斌，霍娅敏. 交通运输经济 [M]. 成都：西南交通大学出版社，2007.

[5] 帅斌，李明，胡骥. 交通运输经济 [M]. 成都：西南交通大学出版社，2011.

[6] 蒋惠园. 交通运输经济学 [M]. 武汉：武汉理工大学出版社，2009.

[7] 宾厚，王欢芳，邹筱. 现代物流管理 [M]. 北京：北京理工大学出版社，2019.

[8] 章智超. 公路交通运输方式的选择 [J]. 黑龙江科技信息，2013（17）：180.

[9] 赵常安. 试论交通运输与经济发展的关系 [J]. 全国流通经济，2019（25）：122-123.

[10] 韩新玲，赵磊. 关于交通运输成本的内涵与分析要点研究 [J]. 科技创新导报，2020，17（18）：222，224.

[11] 任娟. 关于道路交通运输市场管理的探讨 [J]. 城市地理，2016（22）：198.

[12] 高思远. 绿色物流包装的应用策略研究 [J]. 物流科技，2022，45（12）：24-26，30.

[13] 王成林，李淑芬. 促进流通加工发展的策略分析 [J]. 中国市场，2007（19）：48-49.

[14] 王英，黄海峰. 企业生产物流质量管理 [J]. 中国储运，2012（4）：102-103.

[15] 李艺. 现代物流管理中物流信息化优化问题探究 [J]. 中国物流与采购，2022（21）：101-102.

[16] 贺宏宇，赵翰臣，金鑫泽，等. 浅析我国电子商务物流发展现状及对策 [J].

广西质量监督导报，2021（6）：200-202.

[17] 刘小丽，张江宇.我国交通运输发展对物流的若干影响[J].中国流通经济，2007，21（3）：12-14..

[18] 刘鹏.我国企业物流管理的现状与对策[J].统计与决策，2005（18）：149-150.

[19] 郁玉兵，熊伟，代吉林.供应链质量管理与绩效关系研究述评及展望[J].软科学，2014，28（8）：141-144.

[20] 张域莹.电子商务环境下物流管理的创新发展研究[J].中国商论，2022（19）：51-53.